DICTIONAIRE

ET

COLLOQUES

FRANCOIS BRETON.

Traduit de François en Breton, par.
G. QUICQUER, *natif de Ro,cof.*

Livre très-neceſſaire pour l'intelligence des deuſ Langues.

Révû, corrigé & augmenté de nouveau en cette derniere Edition.

A QUIMPER,

Chez la Veuve de JEAN PERIER, & SIMON-
MARIE PERIER fils, Imprimeurs. 1738.

AMy Lecteur,
ce livre
est tant utile,
& profitable
& l'usage d'iceluy
tant nécessaire,
que sa valeur
(voire des gens sça-
vans)
n'est assez
à priser :
car il n'y a personne
(négotiant)
qui n'ait affaire
de ces deux langues
qui sont ici écrites
& déclarées :
car soit que quelqu'un
fasse marchandise,
ou qu'il
hante la Cour,
ou qu'il
suive la guerre,
ou qu'il aille
par villes & champs,

MA mignon léner
an leur man
à so quen util,
ha quen profitabl,
hag an usaig aneza
quen necesser,
y a e dalvoudeguez
(memes gant dut sça-
vant)
ne de quet ahoalc'h
de veza prizet :
rac nen deveus den
(o traffica)
no devez affer
an diou langaig-man
pere so aman scrivet,
ha discleriet,
rac bezet eurre bena:
à rac marc'hadoures,
pe autramant
à heute al Lez,
pe autramant
à eulye ar bresel,
pe autramant à yae
dre Keriou ha broyou

il lui faudroit avoir	é veret deza cahouet
un truchement,	ur c'honduer
pour quelqu'une	evit pep hini
de ces Langues.	an langageou man.
Ce que nous	O consideri
considerans,	quement se
avons à nos	honneus en hon
grands dépens	dispign bras,
& à vôtre	nag en ho
grand avantage,	avantaig bras
lesdites Langues	an lavaret langageou
jointes	pere honneus
ensemble	assamblet,
& mises en ordre,	ha lequet dre urz
si que dorénavant	da guement
vous n'aurez	no bezo
plus affaire	affer muy
de truchement :	à conduer :
mais les pourrez de	hoguen é hellot
vous-même parler	ho hunan o prezec
& vous en aider,	hag en em sicour,
& connoître	hag anazout
la maniere	ar feçon
de prononcer.	da prononci.
Qui a jamais	Piou biscoas
sçû obtenir	en deus hallet derc'h
avec un langage	gant ur langaig
l'amitié de	ar carantez a

diverses nations ?	divers nationou ?
combien y en a-t-il	peguement
d'enrichis	à dut pinvidic so
sans connoissance	hep an aznoudeguez
de plusieurs langues ?	à cals à langageou ?
qui peut gouverner	piou à hel gouvarn
Villes & Provinces,	Keriou ha Provinçou
sans sçavoir	hep gouzout
autre langue, que	quen langaig, nemet
sa langue maternelle :	langaig é mam :
Puis qu'ainsi est,	pa é evelse eo
(ami Lecteur,)	(ma mignon Lenner
vueillez recevoir	pliget guencoc'h receo
ce livre joyeusement	an levr-man joyusa-
par lequel	pe dre hiny (maut
vous pouvez avoir	é hellet cahout
la connoissance	an aznaoudeguez
de deux Langues,	à diou langaig : (len
lequel si vous le lisez	pehini mar deut de
attentivement	gant intelligeanç,
& avec diligence,	ha diligenç,
vous trouverez	é queffot
quil vous sera	é vezo deoc'h
non-seulement	non ep muy quen
profitable, mais aussi	profitabl hoguen ivés
très-necessaire.	necesser bras.
Que s'il ne	Ha ma na hillit
vous vient à point	donnet

de l'aprendre	de difqui oll
tout par cœur,	didan effaur,
récueillez - en	difqui ar pez,
ce qui vous eſt	à ſo deoc'h
plus neceſſaire,	braſſa neceſſer,
ce que faiſant,	ha mar grit andraſe
vous pourrez	é hellot
avec plaiſir	gant contantamant,
& par maniere de	ha dre feçon da gomps
parler, en joüant	en ur c'hoary,
parvenir	é hellot donet,
à la connoiſſance de	da anaout
ces deux Langues	an diou langaig - man.
Vueillez donques	Pliget guencoc'h eta
prendre en gré	quemeret à volonté vat
cétui nôtre labeur,	hon labour,
qu'avons employé	pehini on eus impliget
à vôtre honneur	en ho enor,
& profit :	ha profit :
vous promettant,	o prometti deoc'h
que ſi nous le trouvons	mar en queffomp
vous être agréable,	da veza agreabl deoch
nous trouverons	ni à gavo
toujours le moyen	bepret ar moyen
davancer vos études	da avanç ho ſtudiou

********************;*;********************

LA TABLE de ce Livre.	TAULEN an Levr man.

CE Livre est très-utile pour aprendre à lire, écrire & parler François, Breton, lequel est divisé en trois parties.

AN Levr man à so profitabl brat evit disqui lenn, scriva ha prezec Gâllec, Brezoñnec, pehiny à so diviset En teir queffren.

La premiere partie est divisée en huit Chapitres, desquels sept sont mis par personnages comme Colloques.

Ar quenta queffren à so diviset en eis Chabistr, pe eus à re seiz à so lequet dre personnageou eguis Collocou.

Le premier Chapitre est un convive de dix personnages, & contient plusieurs propos communs, desquels on use à la table.

Ar quenta Chabistr à so ur convy à dec personnaig, hag à delc'h cals à proposou commun, pere à user ouz an daull.

Le second Chap. est pour acheter & vend.

An eil Chabistr à so evit prena, ha guersa.

Le troisiéme Chap.

An trede Chabistr.

eſt pour demander
ſes dettes.

Le quatriéme Chap.
eſt pour demander
le chemin, avec les
propos communs.
Le 5. Chapitre (liers
contient devis fami-
étant à l'hôtellerie.

Le 6. Chapitre
devis de la levée.

Le 7. Chapitre
pour marchandiſes.

Le 8. Chapitre
eſt pour aprendre à
faire lettres miſſives,
obligations, quitan
ces & contrats.

La deuxiéme partie
 contient
le Dictionaire mis
par ordre d'Alfabet,
& contenant beaucoup
de mots communs,
deſquels on a
journellement affaire
en pluſieurs rencon-
trés

à ſo evit goulen
é dleou.

Ar pevare Chabiſtr,
à ſo da oulen
an hent, gant ar
propoſou commun.
Ar pempet Chabiſtr
à dele diviſou familier
pa vezer an hoſteleri.

Ar c'huechvet chabiſtr
divis aves ar ſevell.

Ar ſeizvet Chabiſtr
à marc'hadourez.

An eizvet Chabiſtr,
à ſo evit diſqui
ober lizerou miſſiff,
obligatiounou, qui-
tançou ha contrageou.

An eil queffren
à dele'h
an Dictionær lequet
tre urz à Alfabet,
hag à dele'h cals
à gueriou commun,
à pere ezeus
bemdeiz affer
é cals à rencon-
trou.

La troisiéme partie contient les conjugaisons, prononciation Françoise & Bretonne.	An trede queftren à dele'h ar conjugaifonou ar prononciation Gallec ha Brezonnec.

✻✻✻✻✻✻✻✻✻✻✻✻✻✻✻✻✻✻✻✻✻✻✻✻✻✻✻✻

VN CONVIVE de dix perfonnages, à fçavoir Hermes, Jean, Marie, David, Pierre, François, Roger, Anne, Henry & Lucas.	*VR COVVYEVS* à dec perfonaig da gouzout, Hermes, Jan, Mary, David, Per, Frances, Roger, Anna, Henry ha Lucas.

✻✻✻✻✻✻✻✻✻✻✻✻✻✻✻✻✻✻✻✻✻✻✻✻✻✻✻✻

HERMES.	*HERMES.*
Dieu vous donne bonjour Jean. J. Et à vous auffi, Hermes, bonjour vous doint Dieu. H. Comment vous portez vous ? J. Je me porte bien, Dieu mercy,	Doué à ra deoc'h dé mat Ian J. Ha dec'hu yvez, Hermes deiz mat da roi deoc'h H. Penaus à hanoc'h hu ? J. Yac'h oún, à trugaré Doué,

â vôtre commande-
ment ,
& vous, Hermes,
comme vous est-il ?
H. Je me porte bien
aussi : comme
se porte vôtre Pere
& vôtre Mere ?
J. Ils se portent bien,
loüanges à Dieu.
H. Que faites vous
si-tôt levé.
J. N'est-il pas tems
d'être levé ?
H. Jeunez-vous en-
core, n'avez vous
pas déjeuné ?
J. Non pas encore ,
il est trop matin ,
& vous avez vous
déjeuné ?
H. oüi il ya une heure
jeunerois- je
si longuement ?
d'ou venez-vous ?
J. D'ou je viens ?
je viens de l'école,
de l'Eglise ,

en ho gourc'he-
men
na c'huy Hermes,
penaus ac'hanoc'hu ?
H. Gaillard oûn
yves : penaus
ves ho tat ,
hac yves ho Mam ?
J. Yac'h ha gaillart int
à trugarez Doué.
H. Petra o gra-hu
quer mintin se savet
J. Ha nen de quet
poent sevell.
H. Ha yunet oc'heus
u ha noc'heus hu
quet dijunet ?
J. N'emeus quet choas
re mintin co
na c'huy ha c'huy
oc'heus dijunet ?
H. Ya , un heur so,
é yunen-me
queit-se ? pe
à leac'h é devet-hu
J. Pe à lec'h é devan
dont à ran eus a scol
eus an Ilis ,

& du marché. | hag eus ar marc'hat.
H. Où allez vous ? | H. Pedalec'n it-hu ?
J. Je vais à la maison | J. Me à ya dar guær.
H. quelle heure est-il | H. Pet heur eo ?
J. Il est près de | J. Ember eo
douze heures. | daouzec heur (se eo
H. Est il si tard ? | H. Ha quen divezat
J. Il faut m'en aller, | J. Pret eo din monet
je serai querellé | scandalet vezin
de ma Mere, | gant va Mam :
Adieu Hermes. | Adeo Hermes
H. Avez vous | H. Ha quement-se
si grand hâte, | à haft oc'heus hu ?
nôtre Maître | hon Mæftr ny
m'a t-il point | ha n'en deus e quet
demandé ? | ma goulennet ?
Je ne l'ay point oüi | J. Nemeus é quet cle-
Je ne puis arrêter | ne hallan quet (vet
plus longuement : | tardy muy :
Adieu je m'en vay. | Adeo me à ya.
H. Allez, Dieu | H. It, Doüé
vous conduise. | r'ho conduo.
J. Dieu vous donne le | J. Doüé da roi deoc'h
bonfoir, ma Mere, | noz mat, va Mam,
& à toute la côpagnie | ha dar compagnunez
M. Jean, | M. Jan, (oll
d'ou venez vous ? | pe à lec'h e devethu
où avez vous arrêté | pe é lec'h oc'heus hu

si longuement :
pourquoi venez-vous
si tard ?
est-ce bien fait ?
je vous avois com-
mandé de venir
à quatre heures
il est maintenant
près de six,
dites - moi
où vous avez été ?
car vous avez lon-
guement été
hors de l'école,
je le sçai bien :
je le dirai
à vôtre Maître.
J. Sauf vôtre grace,
je ne fais que venir
de l'école :
je ne sçavois pas
qu'il étoit si tard,
je n'ai arrêté
nulle part,
vous pouvez deman-
der à nôtre Maitre
s'il n'est pas ainsi.
M. Je le ferai.

tardet queit-se ?
perac é devet-hu
quen divezat-se ?
ha gret mat eo ?
me emboa dec'h
gourc'hemennet
dont da pedir heur
breman ezeo
tost da c'huec'h,
livirit dîn
pe é lec'h oc'h bet ?
rac pell so à ba oc'h
absant
eus ar scoll
me voar erfat
me lavaro
d'ho Mæstr.
J. Salv ho graç,
ne ran nemer dont
eus ar scoll ?
ne ouien quet
é voa quen divcat se
nemeus dalcet
é neblec'h
goulen à hellet
digant ma Mæstr,
ha nen de quet guir
M. Andrase à rin-me

Je sçaurai la verité.
Ors allez,
couvrez la table,
& hatez vous tôt.
J. Bien ma Mere,
je le ferai :
où est la nappe ?
M. La nappe est
là dedans, metté
le sel premier,
ne sçavez-vous pas
retenir cela :
je vous l'ay dit
plus de vingt fois :
vous n'aprenez rien,
c'est grand honte
allés querir des assie-
tes, des gobelets &
des servietes.
J. Bien ma Mere,
où sont-ils ?
M. Vous ne sçauriés
rien trouver :
les voilà,
n'est -ce pas
bien cherché :
allés querir du pain.
J. Bien donnez-moi

gouezo ar guirionnez.
It eta,
goloit an daul,
hag haftet buhan.
J. Mat ma Mam,
me à rai, pe é lec'h
ma an toupyer ?
M. An toupyer à so
afe ebars, lequet an
olen da guenta,
ha no eus-hu quet à
memoir an drafe :
lavaret emeus dec'h
mui evit uguent guea
ne defquet netra,
mez bras eo
it da guerc'hat affie-
dou, gobelejou, ha
serviedou.
J. Mat, va Mam,
pe elec'h émaint-hy ?
M. Ne ouzoc'h
cavet netra :
chetu int-hi afe,
ha ne de quet
clafquet mat ?
it da guerc'hat bara
J. Mat, roit - din

de l'argent,
pour combien
en aporterai-je ?
M. Aportez-en
pour deux fols,
pour un fol
de pain blanc,
& pour un fol de bis
moitié un & moitié
autre, & l'aportez
tout nouveau cuit
J. Bien j'y vais :
voici du pain,
ma Mere,
M. vous avéz bienfait
allez maintenant
querir du bois
pour faire du feu :
allez éguifer
les couteaux,
verfez de l'eau
dedan l'éguere,
& pendez-là
une toalle blanche
faite bruler. le feu
vôtre pere vient &
David vôtre coufin
vient avec lui :

arc'hant,
evit peguement
é digacin-me ?
M. Prenit
evit daou guenec
Evit ur guenec
à bara guen, (gris.
hag evit un all à hini
anter ous anter,
ha digaçit oll
nevez poafet.
J. Ma, me à ya
chetu aman bara,
ma Mam.
M. Gret mat oc'heus
it breman
da guerc'hat quencut
evit ober tan :
it da lemma
ar contellou,
ha liquit dour
er boüillouer,
ha ftaguit eno
un doal guen :
hag alumet an tan
ho tat à deu, ha
David ho quender
à deu ganta :

allez les devancer,
ôtez vôtre bonnet
& vous inclinez
honêtement.
J. Bien, ma Mere,
j'y vais :
Soyez le bien venu,
mon Pere,
& vôtre compagnie.
D. Pierre, est-ce là
vôtre fils?
P. Oüi c'est mon fils.
D. c'est un bel enfant,
Dieu le laisse toûjours
prosperer en bien.
P. Je vous remercie
mon cousin.
D. Ne va-t'il point
à l'école ?
P. Oüi il aprend
à parler François.
D. Fait-il cela,
c'est trés-bien fait,
Jean sçavez-vous
bien parler françois?
J. Pas trop bien,
mon cousin ;
mais je l'apprens.

it dirazo,
ha limmit ho bonet
hac en em inclinit
coantic.
J. Mat ma Mám,
me ya :
deut mat ra vihet,
ma zat,
hag ho compaguunez
D. Pezr hag enez
eo ho map-hu ?
P. Ya, ma map eo.
D. Ur mabic coant eo.
Doué da roi bepret
avançamant mat deza
P. O trugareçat,
ma c'hender.
D. Ha n'en da en quet
d'ar schôll ?
P. Ya, disqui à ra
da presec gallec.
D. Hag en à ra
gret mat eo,
Ian à c'hui oar
presec ervat gallec.
J. Ne oùn mut meur
ma c'hender, hoguen
é disqui à ran.

D. Où allez-vous
à l'école ?
J. En la ruë
des Lombards,
D. Avez vous longue-
ment été à l'école ?
J. Environ
six mois.
D. Aprenez-vous
aussi à écrire ?
J. Oüi mon cousin.
D. C'est bien fait,
aprenez toûjours bien.
J. Bien mon cousin
s'il plait à Dieu.
M. Cousin, soyez
le bien venu.
D. Je vous remercie,
Cousine.
M. Cousin, voulez-
vous demeurer là ?
pourquoi n'entrez-
vous point, venez
vous chauffer, puis
nous irons manger.
D. Pensez-vous
que j'aye froid,
ce seroit grand honte.

D. Pelec'h ezit-hu
d'ar scholl ?
J. Er rú
An Lombardet.
D. Ha pell so
à bazit d'ar scholl ?
J. Var dro
un anter bloas so.
D. Ha disqui à rit-
hu ivez da scriffa ?
J. Ya ma c'hender.
D. Ervat à rit, des-
quet bepret ervat.
J. Mat ma c'hender
gant sicour Doué.
M. Quender, deut
mat ra vihet.
D. O trugarecat
quininter.
M. Quender à cho
à fel deoc'hu
ase perac na antreit-
hu quet, deut
da toma ha goude
ni à yel da zibri.
D. Ha c'hui song
emeus-me riou :
mez bras eve.

M.

M

M. Cousin comme vous
est - il ?
D'. Bien,
Dieu merci.
M. Où est
ma cousine,
pourquoi ne l'avez -
vous emmenée
avec vous.
D. Elle est malade.
Est - il vrai,
Est-elle malade
quelle maladie a t-elle
D. Elle a les fievres.
M. Les a - t - elle eu
longuement.
D. Environs 8. jours
M. Je ne sçavois
pas cela :
je l'irai voir
demain,
s'il plait à Dieu,
François.
aportez une chaise
pour vôtre cousin.
Cousin, aprochez
vous du feu,
Frãçois allez à la porte,

M. quender, penaus
à hanoc'hu ?
D. Gaillard,
à trugarez Doué.
M. Pe é lec'h ema
ma quininter ?
perac noc'heus - hu
y quet digacet
gueneoc'h :
D. Clan co.
P. Ha guir eo ?
ha clan evi   (hi ?
pe seurt clenvet edeus
D. An derzien edeus
M. Ha pell so aba
ema hi gant hi ?
D. Voar dro eis deis
M. Ne ouien quet
andra - se :
me à yelo d'hé guelet
varc'oaz,
mar plig gant Doué.
Francés.
digacit ur cador
d'ho quender.
quender, dinessait
ous an tan :
Frances, it d'an or

on heurte là ,
regardez qui eſt là ,
ce ſera Rogier ,
je le ſçai bien.
F. Bien , ma Mere
j'y vais :
qui eſt là ?
R. Amy ,
ouvrez la porte
F. Etes - vous là
Roger ?
R. Oui je ſuis ici.
vôtre pere eſt - il à la
F. Oui , [maiſon
& ma mere auſſi :
entrez dedans ,
je dirai à mon pere
que vous étes venu.
P. François ,
aprêtez tout
pour aller manger
F. Mon pere ,
tout eſt prêt ,
quand il vous plaira
vous pouvez
alles manger.
P. Bien , je viens
Incontinent ,

é ſquci à r'her ,
guelit piou ſo aſe :
Roger vezo ,
m'en goaŕ ervat.
F. Mat ma Mam ,
me à ya :
piou ſo aſe ?
R. Amis
digorit an or.
F. Hag aſe edoc'hu
Roger ?
R. Ya aman edoun ,
ho tat ſo en ti
F. Ya ,
ha ma mam ivez ,
antreit ebars ,
me lavaro d'am zat
ezouc'h deut.
P. Francés ,
apparillit pep tra
evit monet da dibr
F. Ma Zat ,
preparet int oll ,
pa pligeo guencoc'
ez hellet
monet da dibri.
P. Mat me à ya
breman ,

appellez les enfans.
F. Bien mon pere ,
Jean où étes - vous ?
venez manger ,
où demeurez - vous ?
Que faites - vous là ?
J. Que ferois - je ,
J'ay ici affaire.
F. Ne savez vous pas
qu'on va manger ?
venez dire
la Benediction.
J. Bien j'y vais.
P. Jean pourquoi ne
venez - vous pas
faut-il vous appeller
aportez ici des chaises.
M. Pierre
allons nous seoir ,
il est temps.
P. Bien je suis content
M. David sié vous là.
D. Moi , ne vous
déplaise ,
je n'en ferai rien ,
laissé Pierre se seoir là ,
je vous prie ,
M. Pierre n'est

galvit an bugalé.
F. Ma ma Zat ,
Ian , ma edoc'hu
deuet da dibri ,
ma chommit - hu se
petra à grit hu ase ?
J. Petra a rahen - me
da ober emeus aman.
F. Ne ouzoc'h hu
quet ez er da dibri ;
deuet da lavaret
ar Benediction.
J. Mat me a ya.
P. Ian perac na
deuet hu quet ?
ha ret eo ho quervel ,
digacit amā cadoriou.
M. Pezr ,
demp da aseza ,
amser eo.
P. Mat me so contant.
M. David asezit ase ,
D. Me , mar plich
gueneoc'h ,
ne rin quet ,
list Pezr da seza ase ,
me ho pet.
M. Pezr n'ende quet

pas accoutumé de	accouſtumet
ſe ſeoir là, il	da aſeza aſe,
s'aſſeoira ici,	aman é aſezo
c'eſt ſa place,	é plaç eo,
Jean, dites	Ian, livirit
la Benediction.	an Benediction.
J. Bien, ma mere,	J. Mat, ma mam,
Dieu vous beniſſe,	Doué r'ho binigo
mon pere, ma mere,	ma zat, ma mam hag
& toute la compagnie.	ar compagnunez oll.
M. François apportez-	M. Frances digacit
nous à manger,	deomp da dibri,
aportez la ſalade	digacit ar ſaladen,
& la chair ſallée :	hag ar c'hic ſall,
verſez nous à boire,	liquit deomp da eva
verſez à vôtre couſin	teulit d'ho quender,
& puis par tout.	ha goude da re all oll
François, fizé vous	Francés, aſezit
prés de nous.	en hon quichea
Jean, allez querir du	Ian, it da guerc'hat
potage à vôtre frere	ſouben d'ho breur,
& faites aprêter	ha grit prepari
l'autre, courez vîte.	ar re all, it buhan.
J. Frere,	I. Ma breur,
tenez vôtre potage,	dalit ho potaig,
en avez vous trop ?	ha c'hui oc'heus re ?
P. Oüi j'en ai trop.	P. Ya, re ameus.
J. Ne mangez pas tout	I. Ne dibrit quet oll

laiſſez ce que vous aurez trop.	liſit ar pez ho bezo re.
P. Pourquoi ne mangez-vous vôtre potage tandis qu'il eſt chaud.	P. Perac na dibrit-hu quet ho potaig en dre co tom ;
P. Il eſt encore trop	P. Re tom eo c'hoas.
M. Jean, (chaud, portez ici du pain Rogier n'a point de pain, allez querir une aſſiette, aportez de la moutarde	M. Ian, digacit bara aman ; Roger n'en deus quet à bara, it da querc'hat un aſſiet ha digacit ſezo.
P. Donnez moi le pot à la biere.	P. Roit din pot ar bier.
R. Tenez-le tenez le bien.	R. Quemeret-en liq it evez na couezo.
P. Laiſſés le aller je le tiens bien.	P. Liſit-en, me en dalc'h crvat.
M. Pierre, ne beuvez point aprés vôtre potage, cela eſt mal ſain, mangez premier un peu devant boire, Pierre tranchez-moi de la chair,	M. Pezr, na evit quet goude ho ſouben, rac ne de quet yec'her dibrit un dra benac quent evit eva, Pezr, trouc'hit din quic,

taillez - moi	trouc'hit dîn
auſſi du pain	ivez bara,
Coupez à manger	Ha roit da dibri
à François	da Francés.
P. Faut - il	P. Ha ret eo
que je le ſerve, ne	é ſervicha en,
ſe ſçait - il ſervir	ne oar en quet
ſoi - même ? taillés	en em ſervicha é hunan
vous même, vous	troc'hit oc'h unan,
étes grand aſſez, ai-	bras aoalc'h oc'h,
dez vous vous même,	en em ſicourit o hunan
je ne vous	rac me n'o
ſervirai point,	ſervichîn quet,
je ne ſers perſonne	ne ſervichân den
que moi-même [ger	nemet oûn ma hunan
M. Donnez lui à man-	M. Roit deza da dibri
car il eſt honteux,	rac mezus eo.
il n'oſe manger,	ne gret quet dibri,
je le vois bien.	me vel ervat.
P. Bien tenez - la	P. Mat, dalet aſe
aportez ici	digacit - aman
autre choſe,	un dra all.
il n'eſt pas encore	J. N'en deo quet
prêt.	c'hoas preſt.
M. Regardez ſi les	M. It da guelet hag a
pâtez & les tartes	paſteziou hag an tart
ſont aportez. Allez	ſo digacet.
querir le roti & ver-	It da guerhat ar roſt.

fés ici du vin, verſés pour vôtre pere, verſez tout plein, ne verſez point ſi plein, ne voyez - vous pas ce que vous faites ; vous repandez. Roger n'a point de vin, ne voyez vous pas cela ? J. Faites la place pour mettre les plats. M. Or ſoyez tous les bien venus. A. Il y a bien ici de quoy, vous avez fait trop de dépens, M. Non certes il me déplaît qu'il n'y a davantage, mais il vous faut avoir patience, A Certes c'eſt bien dit M. Pierre, entamez	ha liquit aman guin, liquit d'ho tat, carguit leun an oll, na carguit quet quel leun ſe, ha ne vellet hu quet petra à rit, ſcuilla à ret : Roger n'endeus quet à vin, ha ne velet - hu quet andra-ſe ? J. Grit plaç aſe evit laquat ar pladou. M. Deuet mat rha vihet oll. A. Cals à boëjou ſo aman, re à diſpignou oc'heus gret. M. nemeus quet certen, deſpez ameus, na deus c'hoas, hoguen ret eo dec'h cavet patiantet. A Certen, mat é livirit. M. Pezr, troc'hit

cette épaule ,	ar scoaz se ,
aportez ici des raves ,	digacit aman rabes
des carotes	ha pastounades ,
& des capres ,	ha capres ,
servez David	roit da David
de ce liévre	lot eus ar gat - se ,
& de ces lapins ,	hag eus ar coniflet
entâmez ces perdris ,	man , difpennet
vous ne nous servez	an clugeri - man ,
point	non servahit quet ,
faites tous bonne chere,	grit oll cher mat ,
je vous en prie.	me ho ped.
R. Il y a bien ici	R. Aman eus aflez.
pour faire	evit ober
bonne chere.	cher mat.
P. Jean , versez - nous	P. Ian liquit dcomp
à boire.	da efva.
J. Il n'y a ici plus de	I. N'endeus aman
vin.	mui à guin.
P. Allez en querir	P. It da querc'hat al
d'autre , que vous	Petra livirit -
semble t'il de ce vin.	eus an guin man.
D. Il me seble	D. Avis à ra din
qu'il est bon.	ézco mat.
P. Voulons nous	P. Ha ni on deut
faire aporter	ober digaç
du même ?	ar seurt man ?
D. Comme il vous	D. Evel ma pligeo

vous plaira.

I. Où l'irai-je
querir ?

P. Où vous avez
été querir celui - ci :
où allez - vous le
querir ? au marché
à la Fleur de lys
blanche, ou là où
vous voudrez.

I. Combien en
aporterai je ?

P. Aportez - en 2.
ou trois pintes,
allez vite, & revenez
bientôt.

I. Je courray toû-
jours, mon pere.

M. François levez -
vous & servez à
table ; regardez s'il
n'y faut rien ; voulez
vous encore
avoir à manger ? di-
tes le hardiment.

F. Non ma mere,
j'ai assez mangé,
Dieu en soit loué.

guencoch.

I. Pelech în me
da querc'hat ?

P. Eleac'h ma oc'h bet
da querc'hat hema :
pel ec'hit - da querc'hat
d'ar marc'hat,
d'ar fourdelisen guen
pe é lec'h marque-
ret.

I. Peguement à
digacin - me ?

P. Digacit daou pe
tri pintat ;
it prest, ha ne
daleet quet.

I. Me redo bepret,
ma zat.

M. Frances sivit - u
ha servichit an daol,
ha guelit petra à
deffaut ; ha huy à sel
deoc'h dibri
c'hoaz ; livirit
hardis.

F. Salograç ma mam
avoalch ameus debret,
Doué trugarequet.

M. beuvez maintenant,
y - a - il de la
biere en vôtre pot ?
F. Oüi ma mere,
il y en a assez.
M. S'il ny en a
allez en querir.
A. Ne heurte -t-on pas
à la porte ?
allez y voir,
F. Y a t-il quelqu'un ?
A Oüi ouvrez :
j'ay été ici plus
d'une demie heure.
F. Que vous plait il ?
H. Bonsoir mon
ami, le maître est - il
à la maison ?
F. Oüi, pourquoi,
voulez - vous luy
parler ?
H. Oüi, où est il ?
F. Il est assis à table,
vous plaît - il quelque
chose, je ferai bien le
messager ?
qui dirai-je
qui le demande ?

M. Efvit breman,
hag en so byer,
en ho pot ?
F. Ya ma mam,
ahoalc'h so.
M. Ma n'en deus,
it da querc'hat.
A. Ha ne scoer-quet
an our,
it da velet.
F. Ha den so afe ?
A. Ya, digorit ;
ezomp bet aman mui
evit un hanter heur.
F. Petra fel deoc'hu?
H. Nos mat deoc'h
ma mignon, hag ar
mæstr so en ti.
F. Ya, perac,
ha prezec out à fell
deoc'hu ?
H. Ya sur, pelech ema
F. Asseset eo ous taol
ha netra à fal deoch
me ray er vat
ar messager ?
Petra à livirin - me
piou er goulen ?

H. Il me faut aller
à luy même.
dites - lui que je suis
serviteur de son oncle
ou dites - luy que je
viens de la part de
son oncle.
F. Bien,
je vais luy dire,
attendez ici un peu,
mon pere, il y a ici
un homme qui veut
vous parler.
P. Quel homme est-ce
I. Je ne le connois pas
mon pere, il dit qu'il
vient de la part de
mon oncle.
P. Demandez - luy
ce qui lui plait.
I. Il dit qu'il veut
vous parler.
P. Bien, faites - le
entrer.
P. Mon ami entré.
H. Qui est là dedans,
y a - t - il beaucoup
de gens?

H. Ret co din comps
outan é hunan,
livirit deza ezcomp
servicher é contr
pe livirit deza es
devomp
digant é contr.
F. Mat me à ya da
lavaret deza,
gortoit un neubeut
aman, ma zat,
aman eus un den à
desir comps ousoch.
P. Pe seurt den co ?
I. Nen aznavan
quet, ma zat,
lavar à ra é deut
digant ma contr.
P. Goulennit diouta
petra à fel dezan.
I Lavaret à ra à fell
dez comps ouzoc'h
P. Mat, grit dezan
antren.
P. Ma mignon antreit
H. Piou so ebars,
hag y so cals à dut ?

I. Non, sinon trois ou quatre.

A. Dieu benisse toute la compagnie.

P. Soyez le bien venu Henry, que dites-vous de bon ?

H. Pierre mon maître m'a icy envoyé vous prier qu'il vous plaise demain à midy venir dîner avec luy.

P. Comment se porte mon Oncle ?

H. Il se porte bien graces à Dieu.

I. Toute la famille ?

H. Tout est en bon point.

S. J'entends cela volontiers ; mais vous luy direz que je le remercie de bon cœur, & qu'il m'est impossible de venir à midy, car je suis invité dehors il

I. Na int quen nemet tri pe bevar.

A. Doue à beniguo an oll compagnunez.

P. Deut mat ra vihet Herry, perra leveret-hu à vat ?

H. Pezr, ma mæstr en deveus ma digacet d'ho pidi mar plich guencoc'h var c'hoas da creis deiz donet da leina ganta.

P. Penaus à ra ma contr ?

H. Gaillart co, à trugarez Doué.

I. Hac oll tud é ty ?

H. Yac'h ha dispos int oll.

S. Joa eo guene-me, hoguen livirit dezàn en é trugarec-án à galon mat, hac é zeo impossibl din donnet da creis-deiz rac pedet omp gant un all pevar dez so,

y a quatre jours ; si
non cela j'irois vo-
lontiers ; mais j'i-
rai chez lui demain
après midy sans au-
cune faute.

H. Bien,
je lui diray :
Dieu vous donne
bonne nuit.

I. Attendez Henry,
beuvez avant partir.

H. Je n'ai pas soif,
je vous remercie.

F. Attendez, il
faut boire une fois.

H. Il faut m'en
aller.

M. Jean n'est-il pas
encore venus ? où
tarde-t-il si-longue-
ment ?

F. Il vient.

P. D'où-vient que
vous arrêtez si long-
guement ?

I. Je ne pouvois ve-
nir plûtôt, mon Pere,

pa nemert an dra-se
ez azgen joaufamant
hoguen me à yelo
voar c'hoaz de ty gou-
dé creis-deiz hep
faut er bet.

H. Mat,
me lavaro deza :
Doüé da roi
nos mat deoc'h.

I. Gortoit Herry,
efvit quent monet.

H. Nemeus quet à fe-
c'het, hac o trugarez.

H. Gortoit, red eo
efva ur veach.

H. Ret eo din mo-
net.

M. Ha Ian ne de-
quet deuet c'hoas ?
pelec'h é chomen
queit-se ?

F. Donet à ra.

P. Ian, petra ma
ma oc'h-hu daléct
queit-se ?

I. Ne allen quet do-
net quent, ma Zat,

Pere, il y avoit beau-
coup de gens : j'ai
toûjours couru.

M. Bien,
versez ici du vin.

P. David, goûtez
s'il est bon.

D. Je le ferai,
versez m'en là dedans,
l'autre étoit meilleur.

R. Non, non,
celui-ci est meilleur.
selon mon avis.

M. Anne vous nous
faites pas bonne chere
d'où - vient que vous
ne dites rien ?

A. Que dirai - je ?
il vaut mieux se tai-
re que mal parler ;
je ne sçai pas bien
parler François,
partant je me tais.

M. Que dites-vous ?
vous parlez aussi bien
que moi & mieux aussi.

A. Excusez - moi, je
le voudrois bien &

Zat, cals à dut à
voa, redec ha ren
bepret.

M. Mat,
liquit aman guin.

P. David, tanvait
hac èn so mat.

D. M'en grai, tau
lit din aman, eguile
oa arguella.

R. Ne deo quet sur,
eman so guell.
herves ma avis.

M. Anna ne rit quet
à cher vat : petra ne
livirit-hu netra ?

A. Petra lavaren
me : guell, eo tenvell
evit drouc - prezec
ne oun quet mat
coumps ar gallec, ha
rac-se é tevân.

M. Petra à liviri[t]
hu couls é coump[s]
ha me, ha guell.

A Excusit dîn,
me garre ervat, ha

qu'il m'eût coûté vingt écus.

M. David, vous ne mangez point, tranchez - moi de cela : cela est trop boüilli , & ceci est trop peu rôti , n'est-il pas ainsi ?

D. Il me semble aussi.

A. Roger , prêtez-moi vôtre coûteau , je vous prie.

R. Prenez - le , mais rendez - le moi quand vous aurez mangé.

A. Si je ne le vous rends, ne me le prétez plus.

R. Non certes

A. C'est un bon coûteau , combien vous a-t-il coûté ?

R. Il m'a coûté trois sols.

A. C'est bon marché , laissez - le moi

eve coustet dîn uguent scouet.

M. David, ne dibrit quet , trouc'hit dîn à hennez : hennes so re paret, hag eman ne de quet rostet aoualc'h , ha ne de quet evel-se eo ?

D. Evel - se ha semblent dîn yvez.

A. Roger , prestit dîn ho countel , me ho pet.

R. Comerit-hi , hoguen rentit-hy dîn pa ho pezo debret.

A. Ma n'er rentân deoc'h , na prestit - hy muy dîn.

R. Ne rin quet ivez.

A. Ur countel mat é , peguement e d'eus - liy coustet ?

R. Coustet é dîn tri guennec.

A. Marc'hat mat é , roit - hy dîn

pour ce prix - la , je vous renderay vôtre argent.

R. J'en suis content.

M. Roger , vous ne mangez point , il me semble que vous êtes simple , aidez vous vous - même , êtes-vous honteux ?

R. Ne mangai - je pas bien ? je mange plus qu'aucun qui soit à table.

M. Non certes.

A. Vous ne mangés pas vous - même.

M. J'ai toûjours mangé.

P. Buvons bien , si nous avons peu à manger.

A. Que dites - vous? n'y a t-il pas ici assez à manger pour vingt personnes , vous avés fait trop de dépense.

ous ar pris ,
ha me rento deoc'h
oc'h arc'hant.

R. Me so contant.

M. Roger , ne dibrit quet , avis à ra din ezouc'h simpl ; en em sicourit ha mæs oc'h-eus hu ?

R. Ha ne debràn-me quet aoualc'h ? muy à debrân evit nicun , à guement so ous an dol.

M. Ne rit quet sur.

A. Ne dibrit quet c'huy memes.

M. Bepret emeus debret.

P. Evomp ervat , pa n'hon eus nemeur da dibri.

A. Petra à livirit-hu ? ha n'en d'eus quet amã aoualc'h da dibri evit uguent den , gret och'eus re à zispign.

P. Non vraiment,
or sus, je bois à vous
& vous prie pour
toute la compagnie,
& premierement
pour vôtre
prochain voisin :
me ferez vous raison.

A. Oüi de bon cœur,
s'il plait à Dieu.
Or sus beuvez :
vous n'avez pas
tout bû , je vous
verserai encore une
fois plein.

P. Pourquoi ferie-
vous cela ? ne l'ai - je
pas tout bû ?
combien s'en faut il ,
je le boirai tout.
Regardez - la il
est maintenant
vuide , faites - moi
raison : vous ne
cherchez qu'à me
tromper.

A. Je ne pourrois
boire tout ceci ,

P. Nemeus quet sur
orça , me à ef deoc'h
hag o pedàn
evit ar compagnunez
oll , ha da guenta
evit ho
amezec neffa , à huy
rai ræson di - me.

A. Ya à galon mat ,
mar plich gant Doué.
La efvet :
noc'heus quet
efvet oll , me à
carguo dec'h ur
guech c'hoas.

P. Perac é gra
ec'h hu andra - se ?
me meus - me y
quet efvet oll ,
petra à effaut ?
me é evet oll.
Sellit vafe , chetu
y breman goloet
grit dîn ræson :
ne clifquit netra
nemet ma trompla.

A. No hallen quet
eva eman oll ,

j'en ai trop.

P. Que vous fau-
droit - il ? je l'ai
bien tout bû.

A. Vous n'en aviez
pas tant que moi ,
vôtre gobelet
n'étoit pas plein.

P. Etoit.

A. Non étoit.

P. Il est vrai
mais mon gobelet
est plus grand que
le vôtre.

A. Bien changeons.

P. Je suis content
donnez - moi le vôtre.

A. Non ferai je me
tiens au mien , gardés
ce que vous avés.

P. Beuvez donc.

A. Bien incontinent,
voyez maintenant
s'il n'est pas vuide :

M. Mais pourquoi
vous faites - vous
ainsi prier à qui
avez - vous bû ? bû-

re ameus.

P. Petra à hoarsé
dec'h - hu ? me meus
ervat efven oll.

A. No boa quet
quement ha me,
ho gobelet ,
ne voa quet leun.

P. Boa sur.

A. Ne oa quet sur

P. Guir co ,
hoguen ma gobelet
so brassoc'h ,
evit oc'h hiny.

A. Mat senchomp.

P. Me so contant
roit dîn oc'h hiny.

A. Ne rinquet m
viro ma hiny , mirit
arpez oc'heus.

P. efvit eta.

A. Mat breman,
guelet breman , ha
de quet rincet.

M. Guir , perac
grit - hu evalhen pidi
pe da piou o
heus - hu evet ?

vez une fois à moi :
êtes - vous fâché
contre moi ?

A. Pourquoi serois-
je fâché contre vous ?

M. Parce que vous
ne bûvez pas à moi.

A. J'ai bù à vous.

M. Je ne l'ai point
oüi : c'est assez bù,
il nous faut aussi
manger : j'ai grand
faim, taillez - moi
là une pièce de
chair.

A. N'avez - vous
point des mains ?

M. Oüi, mais je
ne puis pas bien at-
teindre au plat.

P. Bien je vous ser-
virai en avés vous assés
M. Je n'ai encore rien.

P. Tenez - là,
en avez-vous mainte-
nant assez ?

M. Voyez ce qu'il
me donne : que peut

esvit ur guez dîn,
ha fâchet oc'hu
ouzîn - me ?

A. Perac even - me
fâchet ouzoc'h - hu ?

M. Rac ne
esvit quet dîn.

A. Evet emeus dec'h

M. N'emeus quet
ho clevet : aoalc'h on
eus esvet, redeo
domp yvez dibri :
naoùn bras emeus,
trouc'hit dîn ase
ur pez quic.

A. Ha noc'heus - hu
dorn er bet ?

M. Eus sur, hoguen
ne allân quet
dines ar plat. (cho,

P. Mat me ho servi.
hag assés oc'h heus- hu

M. Nemeus netra.

P. Chetu ase, c'huy
oc'heus c'hoas assez
breman ?

M. Sellit petra à ro
dîn : petra à racn - me

aider cela ? tenez - le
pour vous mangés le
vous même Rogier,
taillez moi de cette
épaule de mouton.

R. Bien, tenez la.

M. Je vous remercie

P. Jean apportez du
pain & versez du vin,
versez par tout.

D. On frape
à la porte, n'enten-
dez vous point, Jean

J. J'y vais, ma Me-
re, c'est Lucas, le
serviteur d'André.

M. Que veut - il
de moi?   (chose.

J. Il aporte quelque

M. Fait - il cela ?
faites - le entrer.

J. Lucas, entrez.

L. Dieu benisse la
compagnie.   (Lucas.

P. Etes- vous là

L. Oüi, Pierre.

P. Que dites vous
de nouveau ?

à henez ? mirit en
evidoc'h, ha dibrit
en o unan, Roger,
dispennit din ar
scoaz maout - se.

R. Mat dalet eta.

M. Ho trugarez.

P. Ian, digaçit ba-
ra, ha liquit guin,;
liquit par tout.

D. Squei a rer
an our, ne clevit hu
quet Ian ?

I. Me à ya ma Mam
Lucas eo,
servicher Andre.

M. Petra a el deza
à hanoûn - me? [gaç.

I Un dra benac à di-

M. Hac en à ra ?
grit deza antren.

I. Lucas, antreit.

L. Doué da beniguet
ar compagnunez

P. A se edoc'hu Lucas

L. Ya Pezr

P. Petra à livirit -
hu à nevez ?

L. Pas grand'ho-
fe , Pierre.

P. Comment fe
porte Monfieur ?

L. Il fe porte bien ,
il vous fouhaite la
bonne nuit, il fe re-
commande à vôtre
bonne grace , & vous
envoye ceci, vous
priant que le vueil-
lez recevoir de bon
cœur & ne vueilez pas
feulement recevoir le
petit don , mais auf-
fi fa bonne volonté :
car il le vous l'en-
voye en figne d'ami-
tié : partant vueillez
le recevoir en gré.

P. Vous remercie-
rez vôtre maître, &
lui direz que je le
remercierai, s'il plaît
à Dieu.

L. Bien. Pierre.

P. Verfez à boire
à Lucas, & portez

L. Ne Lavarân n'e-
meus , Pezr.

P. Penaus eus an
Autrou à ra ?

L. Gaillard eo fur
digaç à ra dec'h noz
mat, en em recom-
mandi à ra d'hon gra-
çou mat , hag é digaç
dec'h eman , ho pidi
à ra d'he receo à ga-
lon mat, ha na rer
vezit quet hep muy
quen receo an donæfon
bihan ; hoguen yvez é
volontez mat ; rac é
digaç à ra dec'h é fin à
carantez : ha rac-fe re-
cevit en à volonté
mat.

P. Trugarecat ho
mæftr , ha livirit de-
za , me dit fervige
diouta mar plich di-
gant Doué.

L. Mat , me rai Pezr.

P. Liquit da efva
da Lucas , ha caçit

la chandelle.

L Bonsoir , Pierre , & vôtre compagnie.

P. Et à vous , avez - vous bû ?

L. Oüi Pierre.

M. Jean , mouchez la chandelle : gardez si le reste est prest ; Otez tout dici ; & apportez autre cho- se & des fourchet- tes nettes. Aportez- nous le fruit avec le fromage.

F. Tout est ici , mon pere.

P. Otez ce plat d'ici

A. David , bûvez une fois à moi.

D. Je ferai cela volontiers , je boi à vous de bon cœur.

A. Que bien vous fasse , je l'aime , de

ar goulou.

L. Nos mat dec'h Per ha d'ho compagnunez.

P. Ha dec'h - hu , ha c'hui oc'heus efvet ?

L. Ya sur Pezr.

M. Ian , mouchit ar goulou : guelet hag ar rest à so prest : li- mit aliam oll , ha digaçit un dra all , ha fourchettisou net ; ha digaçit demp ar froüeziou gant ar fromaig.

F. Emaint aman oll, ma zat.   (ahan

P. Limit ar plat man

L. David , efvit ar guez dîn.

D. Andrase à rî me me joajus. me à eff dec'h à caloun mat.

A. Mat ra rai dec'h me quen er joayus

vous, je vous ferai raison.

D. Rogier,
ne sçavez-vous rien
de nouveau ?

R. Non certaine-
ment, je ne sçai rien
sinon que bien.

D. Ne parle-t-on
point de la paix ?

R. Je ne sçai que dire
à parler de la paix je
crois que la paix est
encore loin de nous.

D. N'avez-vous pas
oüi dire comme le Roi
de France a perdu
la bataille contre les
Espagnols ?

R. J'ai bien oüi
dire cela ;
mais l'on ment tant,
qu'on ne sçait qui
croire :
on dit merveilles ;
mais Dieu seul sçait
ce qu'il aviendra.

D. Vous dites vrai.

diguencoc'h me en
talvez voaroc'h.

D. Roger,
ne ouzoc'h-u
netra à nevez ?

R. Saly ho gra ;
certen ne goun netra
nemet mat.

D. Ha ne gousinet
quet à peuoc'h ?

R. Ne ouffen petra à
lavaren eus ar peuoch
me à cret ar peuoch à
so pel dioufomp hoas

D. N'oc'heus-hu quet
clevet lavaret penaus
ar Roué à Franç en
deus collet ar batail
henep ar Spaignolet ?

R. Clevet emeus
ervat andrafe quelies
gaou à lavaret, ne
ouffet pe da
credi :
marvaillou à lavaret ;
mes Doué é hunan à
oar arpez à dle donet

D. Guir à livirit.

R. Si nous voulions faire la paix avec lui la guerre ne dureroit pas long-tems.

D. Certes il est vrai. Jean ôtez tout ceci & venez dire les graces.

J. Je vais, mon pere Dieu conserve mon Pere, ma Mere & toute la compagnie.

B. Búvons après les Graces.

R. C'est bien dit ; mais il nous faut aussi dire les secondes Graces : Pierre combien de vin avons-nous bû ? nous voulons payer le vin.

P. Vous le ferez pas, vous ne donnerez rien, si j'ai eu le moyen de vous donner à manger, je l'aurai bien aussi de vous donner à boire.

R. Ma rarem ober peuoc'h ganta ar bresel ne bate quet pell.

D. Certen guir eo, Ian limit an traou-man ha deuet da lavaret Graçou.

I. Arru oûn, Doué d'ho miro, ma Tat, ma Mam hag ar compagnunez oll.

P. Efvomp breman goude Graçou.

R. Lavaret mat co, hoguen redeo demb lavaret an eil graçou : Pezr, peguement à vin honneus-ny iefet ? ny à fell deomp paca ar guin.

P. Na re quet sur ne roet netra, mar emeus bet ar voyen da rer dec'h dibri, me am bezq yvez da rei dec'h da efva.

R, Que feroit cela ,
le vin eft à prefent cher

P. Vous entendez
ce que je vous dis.

D. Donc nous
vous remercions,
c'eft à nous à le
reconnoître.

M. Tout eft reconnu

P. Je vous remer-
cie auffi que vous
êtes venu : François
aportez un fagot,
& faites bon feu
pour nous chauffer.

F. Le feu eft allumé
mon Pere.

D. Nous n'avons pas
froid, nous voulons
nous en aller.

M. Quelle hâte
avez - vous ?

A. Il eft bien
dix heures.

M. Non pas encore.

R. Jean allez
querir la lanterne.

A. Nous ne voulons

R. Petra ve andrafe
ar guin fo breman quer

P. Clevet à rit
ar pes à lavaren`dech

D. Mat , eta ,
ho trugarecat à rcomp
dempni co
difervicha.

M. Diferviget eo oll

P. Me o trugarecat
yvez ho befa deut :
Frances, digaçit
ur fagoden aman,
ha grit tan mat evit
ma tommimp.

F. Allumet eo an
tan , ma Zat.

D. N'ondeus quet à
riou , monet à fel
demp.

M. Pebes haft
oc'heus-hu ?

A. E ell beza
dec heur.

M. Nendequet choas

R. Ian , it da guer-
c'hat an letern.

A. Nonneus quet

pas avoir de lanterne,	da oper ar lentern,
le tems est clair, il	scler eo an amser,
n'en est pas besoin.	n'en deus quetda ober
H. Dieu vous don-	H. Doué da roi
ne la bonne nuit.	dec'h nos mat.
R. Et à vous aussi.	R. Ha dechu yvez.

LE II. CHAP. pour apprendre à acheter & vendre.	**AN EIL CHAB.** evit disquit da prena, ha da guerza.
Marguerite, Daniel, *Catherine.*	*Marc'harit, Daniel,* *Chatel.*

DIcu vous donne bon jour,	**D**Oué da roi doch deis mat,
ma Commere, &	ma Commaër, hag
vôtre compagnie.	ho compagnuncz.
M. Et à vous aussi,	M. Ha dec'hu yvez
ma Commere.	ma Commaër.
C. Que faites vous	C. Petra à ritu aman
si matin à la froidure	quer mintin er yeni-
yz a-t-il long-tems	gen ha c'huy so bet
que vous êtes ici ?	pell aman ?
M. Environ un heure	M. Voar dro un heur.

C. Avez - vous beaucoup vendu aujourd'hui ?

M. Qu'aurois - je déja vendu , je n'ai encore point reçû d'étréne.

C. Ni moi aussi.

M. Ayez bon courage, il est encore matin, Dieu nous envoira quelque marchand.

C. Je l'espere, en voíci venir un, il viendra ici : Monsieur , que voulez - vous acheter ? venez ça, vous plaît - il acheter quelque chose : regardez si je n'ai rien qui vous acommode. Entrez, j'ai ici de bon drap, de bonne toile, de toute sorte de bon drap de soye, camelot,

C. Ha c'huy oc'heus guerzet cals hirio :

M. Petra embe - me guerzet quer buhan se, nemeus c'hoas netra recevet.

C. Na me yvez.

M. Hobeze couraig mintin eo c'hoaz , Doué à digaço pep mac'hadourien.

C. Me esper, é erru unan, donet à rai aman : Autrou , petra vezo à prenot - hu : deut aman, hac en à plic'h guenec'h prena un dra benac : sellit à me ameus netra à guement à plige dec'h Entreit me meus aman me-zer mat, lian mat, à pep seurt : seciz mat, camolot,

damas, veloux ;
J'ai aussi de bonne
chair, de bon pois-
son, & de bons ha-
rens : Il y a ici de
bon beure & de
bon fromage de tou-
tes-sortes. Voulez -
vous acheter un bon
bonet, ou un bon
livre en François,
en Breton, ou en
Latin, ou un livre
à écrire : achetez
quelque chose,
regardez ce qu'il
vous plaît acheter,
je vous ferai
bon marché ;
demandez ce qu'il
vous plaît je le
vous laisserai voir,
la vûë ne vous
coûtera rien.

D. Combien
payerai - je de l'aû-
ne de drap :

damas, voulous ;
Me ameus yvez
quic mat, pesquet
mat, hag harinquet
mat : Am an eus
haman mat,
ha fourmaig mat,
à pep seurt.
Ha c'huy o teur pre-
na ur bonnet mat,
pe un leur mat
à Gallec,
à Brezonnec , pe à
Latin, pe un leur da
scriffa , prenit
un dra benac,
sellit petra à plig
dec'h da prena,
me à roi dec'h
marc'hat mat ;
goulennit arpez
plig dec'h, me
o ieso da velet,
ar guelet ne
cousto netra dec'h,

D. Peguement à
pain - me ar goualen
eus ar mezer - man :

C. Vous en paye-
tez quinze fols.

D. Combien
me coûtera l'aûne
de ce drap :

C. Elle vous coû-
tera vingt fols.

D. Combien
vaut la livre de
ce fromage :

C. La livre
vaut cinq fols

D. Que vaut le pot
de ce vin :

C. Le pot vaut
trois fols.

D. Combien fai-
tes - vous la piece :

C. Je le fais
cinq écus
en un mot.

D. Que donneraije
de cela :
mais ne me le]
furfaites point.

C. Non certes,
je ne le vous
furferai pas,

C. E paea à reot
pempzec guenec.

D. Peguement à
couſto dîn ar goualen
ar mezer - ma :

C. Couſtout à raï
doc'h uguent guenec

D. Peguement
à dal ar liur eus
ar fromaig - man :

C. Ar liur à dal
pemp guenec.

D. Petra à dal ar pot
eus ar guin - man.

C. Ar pot à dal
tri guenec.

D. Peguement à
eſtimet - hu arpez :

C. Me en eſtim
pemp ſcouet
en ur guer.

D. Petra à pain-me
en hennez :
na prizit en quet
re dîn.

C. Salv ho graç,
certen n'er priſin
quet re dec'h,

je vous le dirai	me lavaro dec'h
en un mot :	en ur guer,
vous en payerez	é cousto dec'h
dix-sept sols	seitec guenec
& demi,	ha anter,
s'il vous plaît.	mar plich guenec'h

D. C'est trop.

D. Re co cals.

C. Non certes : combien m'offrez-vous, offrez - moi quelque chose, je ne le donnerai pour ce que vous m'offrez offrez - moi quelque chose.

C. N'endequet certen peguemen à offrit - hu din - me ? offrit din un dra benat ne rein quet dec'h evit arpez à offrit din, offrit din un dra bennac.

D. Qu'offrirois je sur cela ? vous me l'avez trop surfait.

D. Petra à offren - me dec'h - hu ? re oc'heus en priset din.

D. Non, mais il n'est pas dit que je ne le donnerai pour moins que je n'ai dit : dites - moi ce que vous en donnerez ?

C. Salv ho graç, hoguen n'endequet lavaret ne rohin à bianoch evit emeus lavaret : livirit din peguemen à roct ?

D. J'en donnerai douze sols.

D. Me à roi daouzec guenec.

C. Pour ce prix il n'eſt pas à donner, vous m'offrez perte, vous m'offrez trop peu : j'en ai bien ici que je vous donnerai pour ce prix ; mais il n'eſt pas ſi bon que celui - là ; je vous en montrerai bien que je vous donnerai à moindre prix, mais le moindre prix n'eſt pas tóu-jours bon à chercher, vous ne pouvez mieux ſaire, que d'acheter quel-que choſe de bon : encore que fuſſiez mon frere je ne vous ſçaurois donner de meilleur.

D. Voulez - vous avoir mon argent ?

C. Non pas ainſi.

D. Vous aurez en-

C. Evit ar pris ſe ac ouffen é rei, coll à offr din, re neubeut à guiniguit din : me ameus hac à roin dec'h cuſ an evelep pris ; hoguen n'endequet quer couls hag hennez me à deuſquezo dec'h ervat, pehiny à roin dec'h à yſel-loc'h pris, hoguen ar pris yſel n'en - dequet bepret mat da claſq, ne ouffac'h quet ober guell, evit prena un dra benac à vat : pa vec'h ma breur ne ouffen guet rei guell dec'h.

D. Ha c'hui o cahout ma arc'hant ?

C. Non pas evelſe.

D. Ho bezo c'hoas

core 2. sols & demi.

    C. Je ne puis,
j'y perdrois.

    D. Je ne puis don-
ner davantage.

    C. Bien, Dieu
vous conduise :
allez voir ailleurs si
vous pouvez acheter
à meilleur marché :
vous ne l'aurez
nulle part
à moindre prix ;
j'ai la puissance
de vous donner
aussi bon marché
comme un autre,
mais je ne veux
pas perdre,
je vous le laisse
presque pour le prix
qu'il m'a couté :
il me faut gagner
quelque chose,
on n'est pas ici
pour rien gagner,
il me faut vivre ;
vous sçavez bien

daou guenec anter.

    C. Ne hallen quet
coll à rahen.

    D. Ne roin quet
davantaig dec'h.

    C. Mat, Doué
rho conduo : it
da velet é lec'h all ;
ha c'huy à caffo
à guell marc'hat :
n'en queffo
enep lec'h
à bianoc'h pris ;
me à hell
é rei dec'h à quer
couls marc'hat
hac un all,
hoguen ne fell quet
din coll, me el lez
guenec'h casiamant
eus ar pris pihiny à
coust din : ret eo
din gounit un dra
benac, ne esezomp
quet aman evit gou-
nit netra,
ret eo din beva ;
gouzout à rit ervat

que toute chose est cher e : il faut que l'un suive l'autre ; si vous ne voulez donner les quinze sols, je ne puis vous aider, vous êtes trop chiche :

D. Certes je suis.

C. On ne peut rien gagner avec vous si chacun étoit aussi chiche que vous, je pourrois bien fermer ma boutique ; car je ne gagnerois pas le pain que je mangerois

D. Cela vous plaît à dire.

C. Certes, il est vrai.

D. Ecoutez une parole.

C. Bien, dites.

D. Je donnerai encore un sol, & non plus, je ne puis donner davantage, je serois querellé.

pep tra so quer : ret co d'an cil heul eguile, ma na guirit rei ar pempzec guenec, ne hallan quet ho sicour, re piz ouc'h.

D. Andrase oûn sur.

C. Ne hallet gounit netra guenec'h, ma ve pep unan quer piz ha c'huy, he hallen ervat ferry ma stall, rac ne gounezen quet ar bara à debren.

D. Andrase à plich guenec'h da lavaret.

C. Guir eo certen.

D. Clevet ur guer.

C. Mat, livirit.

D. Me à roi c'hoas ur guenec, ha ne roin quet mui ne hallân quet rei dayantaig scandalet even.

D

C. Ce seroit peu de cas, je serois aussi
faché si je le donnois à moins, étes vous
à un sol prés : c'est honte que vous me
tenez si long - tems pour un sol ;
que vous peut aider un sol oû deux ?

D. Mais vous dites bien, ici un sol,
& ailleurs un autre ce sont deux sols :
Bien l'auray je ?

C. Je ne le donneray à ce prix - là.

D. Adieu, je m'envay.

C. Dieu vous conduise, venez ça prenez le, je ne refuserai pas mon étrene, c'est trop bon marché.

D. Vous le dites, je dis que cest cher, vous m'avez trompé.

C. Neubeut à drave quement - se,
ha me à ve yvez fachet ma
é roen à bianoc'h hag ur gnenec eo
ho tar - hu : mez eo dec'h ma
derc'hel queit se evit ur guenec,
petra à servich ur guennec na daou ?

D. Mat à livirit, aman ur guennec,
é lech all un all, daou guennec int :
mat ha bea em bèzo ?

C. Ne roin quet evit ar pris - se.

D. Adieu, me à ya.
C. Doué d'ho conduo mat deut aman, co merit en, ne refusin quer an dîner quenta, re marc'hat eo.

D. C'hui à lavar, me à lavar eo re quer, tromplet oûn guenec'h

C. Je vous quitte avéc justice.

D. Ce me seroit honte si je faisois cela, tenez vôtre argent : combien vous faut-il

C. Vous le savez bien treize livres & demie n'est - il pas ainsi ?

D. Bien tenez - là rendez - moi dix sols.

C. Je n'ay pas de monnoye : pour combien me donnez-vous icy ?

D. Pour quatre sols & six deniers.

C. Pour ce prix - là je ne le recevrai pas, il ne vaut que tant.

D. Si demandez-le.

C. Donnez - moi d'autre argent, je ne saurois mettre ceci.

D. Je n'en ay pas je vous fais bon si vous ne le pouvez mettre raportez - le moi,

C. Me ho quitta justamant.

D. Mez ve din, ma raen andrase : comerit ho arc'hant : peguement à rinquit - hu ?

C. Gouzout à rit ervat trizec livr ha anter ha n'ende quet.

D. Mat, dalet hy roit din dec guennec.

D. Nemeus quet à monciz, pe evit quement é roit - hu din me anfa ;

D. Evit pevar guenec ha c'huec'h diner.

D. Evit ar pris-se nen comerin quet, ne dal quet quement- se.

D. Gra sur goulennit.

C. Roit din arc'hant all ne ouffen quet laquat eman.

D. Hellot sur, me ra mat dec'h aneza ma na hillit é lacat, digacit é din

& je vous donnerai
d'autre argent ;
tenez , en voilà un
autre.

C. Maintenant je
suis contente ,
voulez - vous qu'on
vous le porte ?
je vous le ferai porter :
prenez cela valet ,
& allez avec lui.

D. Il n'est pas besoin
je le porterai bien,
adieu Madame.

C. Grand mercy ,
mon ami , quand
vous aurez affaire
de quelque chose
venez à moy ,
& je vous ferai
bon marché.

D. Bien Madame,
je le feray volon-
tiers, Dieu vous
conserve.

ha me roi dec'h ar-
c'hant all ,
dalet chetu afe un
all.

C. Breman ezoun
countant , ha c'hui
o teur ma vezo
douguet dec'h , me
rai é douguen dec'h,
paotr, comerit en
it ganta.

D. Ne de quet neces-
ser, m'en dougo er-
vat , adieu Ytron.

C. O trugarez ,
ma mignoun, pa ho
pezo da ober
à un dra bennac ,
deuet davidoun - me,
ha me à roi
marc'hat mat dec'h.

D. Mat , Ytroun,
m'en graï joyusamant,
Doué dho
miro.

✳✳✳✳✳✳✳✳✳✳✳✳ | ✳✳✳✳✳✳✳✳✳✳✳✳

III. CHAPIT. | AN III, CHAB,

pour demander | cvit goulen
une dette. | un dle.

Morgant , Gautier , | *Margant , Gautier,*
Ferrand. | *Ferrand.*

M. **B**On jour mon amy | M. **D**Ez mat dec'h ma mignon ,
G. Et à vous auſſi, | G. A dec'h - hu yvez.
M. Vous ſavez bien pourquoi je viens ici ne ſavez - vous pas ? | M. Gouzout à rit pe cvit tra é deuan aman ne ouzoch - hu quet ?
G. Non certes, | G. Salv ho graç ſur.
M. Comment ne ſçavez - vous pas qui je ſuis, ne me connoiſſez - vous pas ? | M. Penaos , ha ne ouzoc'hu quet piou oun-ine ? ha n'em az navit - hu quet.
G. Non , qui êtes vous ? | G. Salv ho graç , piou och hu ?
M. Avez - vous oublié que vous êtes dernierement de la marchandiſe de moi. | M. Ancounahet oz heus hu o eus bet à nevez ſo marc'ha dourez diguene.
G. Il eſt vray. | G. Guir eo certen,
M. Bien quand au- | M. Mat , peur embez

rai je mon argent ?

G. Certe je n'ay
point d'argent, j'ay
baillé dehors l'argent
que j'avois, il vous
faut encore avoir
huit jours patience.

M. Je ne puis plus
attendre davantage,
je veux être payé,
j'ay assez attendu,
faites que j'aye de
l'argent, ou je vous
ferai arrêter ou bail-
lez moi répondant.

G. Combien est - ce
que je vous dois ?

M. Vous savez bien

G. Je l'ay
certes oublié :
je l'ay écrit,
mais je ne sçay où.

M. Vous me devez
dix livres quatre
sols, n'est-il pas vrai,
n'est - il pas ainsi ?

G. Je le croy
qu'il est ainsi.

zo me ma arc'hant ?

G. Certen n'emeus
quet à arc'hant, roet
emeus quement em-
boa à arc'hant ret co
dec'h choas caouet
eis dez patiantet.

M. Ne hallân quet
deport davantaig, me
à fell din beza paet,
gortoet emeus assez :
grit ma em bezo ar-
c'hant, pe autramant
me rai ho arreti, pe
roit cled din.

G. Peguement à
dlean - me dec'hu ?

M. C'hui à oar ervat

G. Ancouet co gue-
nen certen, scrivet co
gueneme, heguen
ne oun pelec'h.

M. E dleit din
dec livr pevar guenec
ha nede quet guir,
ha nede quet evelhé ?

M. Me à cred ezco
evelse.

M. Vous m'aviez promis de me donner de l'argent passé deux mois, vous savez bien cela, mais vous n'avez pas tenu vôtre promesse.

G. Il est bien vrai, mais je n'ay sçû recouvrer l'argent de ceux qui me doivent.

M. Je n'ay que faire de cela, faites-vous payer.

G. Mais quand les gens n'ont point d'argent, que leur ferai-je, il me faut bien attendre qu'ils en ayent, on ne doit pas être si rigoureux, nous devons avoir compassion l'un de l'autre comme Dieu nous a commandé.

M. Il est bien vrai mais j'ay assez attendu, je ne

M. Promettet o poa rei arc'hant din da ben daou mis andrase ouzoc'h ervat hoguen n'ho eus quet dele'het ho promess.

G. Guir co cer en, hoguen nemeus quet hallet caout arc'hant digant nep à dle din.

M. Ne sourcian quer eus andrase, grit ho paea.

G. Ya, pa n'endeus an dut arc'hant, petra à rahen me deze? ret co din gortos quen o devezo, ne dleer quet beza quer rigourus se, é dicomp caout trues an eil ous eguile evel ma en deus Doué commandet demp.

M. Guir à livirit, hoguen assez emeus

puis attendre
davantage,
car ceux
à qui je dois
ne veulent pas aussi
plus attendre :
si ce n'étoit cela
j'attendrois bien.

G. Orsus,
venez avec moy,
je vous payerai,
ou je vous baillerai
plaige.

M. Bien allons, *j'*en
suis contant, bien,
que dites vous ?

G. Venez ça, ami
cet homme demeurera
plaige pour moi.

M. Fera-t-il cela ?
est-il vrai mon ami ?
voulez-vous demeu-
rer caution pour
cet homme ?

F. Oüi combien est-
ce qu'il vous doit.

M. C'est dix livres.

G. Comment est-ce

gortoet, ne hallan
quet gortos davan-
taig ; rac ar re
ma dleen dezo ne
fel dezo ivez
gortos mui,
pa na ve andrafe
me gortoet ervat.

G. Or ça
deut guenen,
me ho paeo,
pe me roi
cred dec'h.

M. Mat, deomp,
countant oun, mat,
petra à livirit-hu ?

G. Deuet aman,
an den man à vezo
cred evidoun.

M. Hag en à rai, ha
guir eo ma mignon ?
ha c'hui teur bezā
cred evit an den-
man ?

F. Ya, peguement
à dle en dec'h-hu ?

M. Dec livr eo.

G. Penaus quement se

autant , ce n'est pas

M. Si fai , tant.

G. Non certaine-
ment , je jurerai bien
que ce n'est pas tant.

M. Combien est - ce

G. Il n'y a que neuf
livres , vous me
l'avez tout
maintenant dit.

M. Vous l'ay - je
dit ? non.

G. Si vous l'avez dit

M. Bien ainsi soit
il me semble toute
fois que c'est dit ,
mais je suis content ,
puisque vous dites
que ce n'est pas tant ,
quand serai je payé ?

G. Dans dix jours.

M. Je suis content ,
mais tenez vôtre
parole.

F. Je ferai cela
sans faute.

F. S'il ne vous paye
je vous payerai.

n'endeus quet quemeut

M. Eus certen.

G. Certen n'en deus
quet me toué ervat
nequet quemeut - se.

M. Peguement so eta

G. N'endeveus
nemet nao livr ,
lavaret o eus ên
bremanſouden din.

M. Memeus lavaret
dec'h , nemeus quet.

G. Lavaret o eus ſur.

M. Mat bezet evelſe
eta avis à ra guenen ,
coulſcoude ezeo dec ,
hoguen contant oûn
pa livirit din
n'endeus quen ,
peur é vezin-me paet ?

G. Abars dec dez.

M. Countant oûn ,
mes dilc'hit ho pro-
meſſ.

G. Andraſe à rin
hep faut er bet.

F. Ma n'ho pac ,
me ho paco,

G. Je suis contant

F. Adieu, mon ami

G. Me so countant

F. Adieu ma mignon

✳✳✳✳✳✳:✳✳✳✳✳ ✳✳✳✳✳✳:✳✳✳✳✳

LE IV. CHAP.

pour demander le chemin, avec d'autres propos cominuns.

AR IV. CHAB.

evit goulen an hent gant coumpsou all commun.

André, Robert, Catherine.

André, Robert, Catel.

Dieu vous garde maître Robert

R. Monsieur, Dieu vous donne bonne vie.

A. Comment vous portez - vous depuis que je ne vous vis ?

R. Tellement bien.

A. Il me semble que vous ne vous portez pas si bien que par cy devant.

R. A quoi

Douc ho miro mæstr Robert,

R. Autrou, Doué da roi dec'h buez mat.

A. Penaus à vez a hanoc'h - hu a boa n'ho guelis ?

R Guel à ma hallân.

A. Avis a ra guenen ne douc'h quet quen yac'h evel ma custumac'h beza.

R. Penaus aznavit - hu andrase ?

Je connoiſſez - vous ?

A. A vôtre face
qui eſt ſi palle.

R. Jay eu cinq ou
ſix accés de fievre,
qui mont fort
rendu débile ,
& m'ont ôté
tout l'apetit.

A. C'eſt une mau-
vaiſe maladie : où
chevauchez - vous ſi
bellement ?

R. A Anvers, à la
foire de la Pentecôte.

A. Et moi auſſi : ſi
vous voulez , nous
irons enſemble.

R. Je le veux bien ,
mais vous chevauchez
plus fort
que moi.

A. Chevauchons
comme il vous plaira ,
je le veux bien ; car
mon cheval va
l'ambre aiſement.

R. Et le mien

A. Diouz ho biſaig
à ſo quer guen

R. Pemp pe c'huec'h
accés terzien emeus
bet , pere o deveus
ma debilitet ,
hag o deus lamet
diguenén ma oll ap-
petit.

A. Ur goall
clenvet co :
ma marrequit - hu
quer gorrec ſe ?

R. Da Anvers, da
foar ar Pantecoſt.

A. Ha me yvez :
mar quirit , ny
yelo aſſambles.

R. Countant aſſez
oun hoguen maregues
à rit un nebeut buan-
noc'h evidoun.

A. Marequaomp
evel ma querer , me
fell din yvez ervat ,
rac ma marc'h
à ya d'ar pas æs.

R. Ha ma hini - me

trotte trop dur.
Or allons au nom
de Dieu : qui sont
ceux : là qui vont
devant nous ?

A. Certes je ne
les connois pas : ce
sont des marchands
picquons un peu
pour les attraper,
car j'ay peur que
nous ne soyons hors
de nôtre chemin.

R. Nous ne som-
mes n'ayez pas peur.

A. Toutefois il est
bon de le demander.

R. Demandéz - le
à cette Bergere.

A. Mamie où est
le droit chemin
dici à Anvers ?

C. Droit devant
vous ne vous tour-
nant ni à
droit ni à
gauche,
jusqu'à ce que vous

à trot re calet.
Breman demp
en hano Doué :
piou co ar re ont
à ya ditazomp - ni ?

A. Certen n'he
anavan quet :
marc'hadourien int,
picquomp un neubeut
evit o tizout,
rac aoun emeus
na vemp faziet
voar an hent.

R. Nendomp quet
n'ho pezet quet à
aoun.

A. Coulscoude mat
co goulen
diouz ar bergeres - se.

A. Ma mignounes,
ma idi an hent con
da monet da An-
vers ?

C. Eon dirazoc'h,
na troit,
nac à dehou,
nac à cleiz,
quen à erruot é ui-

n'ayez trouvez un
haut ormeau, alors
tournez à la droite.

A. Combien de
lieuës avons - nous
d'icy
au prochain villa-
ge ?

C. Deux lieuës &
demie & un peu
plus.

A. Allons mainte-
nant à l'aise ; car je
suis hors de doute :
j'aperçois larbre
duquel elle
nous à parlé ;
Il fait bien poudreux,
la poudre me creve
les yeux.

R. Prenez ce taf-
fetas pour mettre de-
vant vôtre visage,
& il vous gardera
de la poudre, & du
Soleil.

A. Il n'est pas be-
soin, car le Soleil

chen ur vezen
bras à eulac'h,
neuse diftroit
en dorn dehou-

A. Pet leau
honneus - ni ahan
dan rosta villagen ?

C. Diou leau han-
ter, hac un neubeut
davantaig.

A. Demp breman
en ho æs ; rac ne-
meus aoun er bet :
me à vel ar vezen,
pehini à lavare
ar plac'h demp ;
Poultrec co an hent,
ar poultr à poig va
daoulagat.

R. Commerit an
raftas man da laquat
dirac ho faç,
hac en o miro
dious ar poultr, ha
dious an Heaul.

A. Ne dequet requis
rac an Heaul

s'en va coucher :
j'ai peur que nous
ne soyons pas de
jour à la ville.

R. Excusez - moi ;
mais le pis est,
que ce chemin
est dangereux,
à cause des brigands.
L'autre jour
on volla un
riche Marchand à
côté de cet arbre,
ce qui me fait
avoir peur d'être
dévalisé, si nous ne
nous donnons de
garde.

A. Je vois le clo-
cher de la Ville,
si je ne suis trompé.

R. Certainement
il sera tard devant
que nous y arrivions
je me doute, nous
n'entrerons pas.

A. Pardonnez - moi
on ne ferme pas les

à ya da gousquet,
aoun emeus
ma na vezomp
é deis en quer.

R. Ma excusit ;
hoguen goaz tra so,
an hent - man
à so dangerus,
rac ar brigantet.
An deis all
é voué dirobet
ur marchadour equi-
chen ar vezen - man,
andrafe à ra din
caouet aoun
na vemp divaliset,
ma na
lequeomp evez.

A. Me à vel
tour ar Guer,
ma ne doun tromplet.

R. Certen, divezat
vezo ebars ma
vezimp é quer, aon
emeus, ma hellomp
antren.

A. Pardonnit din,
ne serrer quet

portes devant neuf heures.

R. Tant mieux, car je ne suis pas bien aise de loger aux Faux-bourgs.

A. Ni moi aussi.

R. Demandons à ces gens-là où est la meilleure Hôtellerie de la Ville.

A. Ne vous souciez pas de cela, je sçai bien le meilleur logis de la Ville. c'est au Lyon rouge, en la Ruë de la Chambre, hâtons nous un peu, je vous prie; car il me semble qu'on leve le Pont-levis.

R. Je suis tant las, que je ne sçaurois passer plus outre ; & davantage, mon cheval cloche,

ar perzier quent evit naou heur.

R. Guel ase, rac ne desiran quet logea er faubourzou.

A. Na me yvez.

R. Goulennomp digant an tut - se pelec'h ema ar guela hostelery eus ar guer.

A. Na sourciet quet andrase, me voar ma idy ar guella hostellery so é Guer, en leon ruz eo, ebars é ru an c'hambr hastom omp un neubeut, me ho pet, rac avis à guenen é saver ar pont cuynt.

R. Quer seuis oûn, ne hallan quet tremen davantaig ; ha c'hoaz, ma marc'h à gam,

je pense | me à istim ezco en-
qu'il est encloué, | claouet & pe
ou blessé sur le dos : | blesset voar é guein :
& puis ce pavé | hag ouzpen, ar pavé
est si rude qu'il | so quen calet, ma
me brise tout. | oûn torret oll ganta.

A. Entrons donc | A. Antreomp eta
dedans. | ebars.

LE V. CHAP.
Devis familiers etant à l'hotellerie.

AN V. CHAB.
Devisou familier ho veza en hostellery.

Luc, Simon, l'Hôte & autres.

Lucas, Simon, Hostys ba re all.

L. **D**Ieu vous garde de mal mon hôte.

L. **D**Oué d'ho mire ous drouc, ma hostys.

S. Soyez les biens venus, Messieurs.

S. Deuet mat ra vihet, Autronez.

L. Logerons-nous bien ceans pour cette nuit ?

L. Ha ny à halle logea ervat en ty man evit an noz ?

S. Oüi, Monsieur, | S. Guelot sur Autrou-
 | pet

combien êtes - vous ?

L. Nous sommes
six de troupe.

S. Nous avons
aſſez de logis
pour trois fois
autant : Deſcendez
quand il vous plaira.

L. Avez - vous
bonne écurie ,
bon foin ,
bonne avoine ,
& bonne litiere ?
avez - vous bon vin ?

S. Le meilleur
de la ville : vous en
goûterez.

L. Avez - vous quel-
que choſe à manger ?

S. Oüi , Meſſieurs ,
deſcendez ſeulement
car vous n'aurez
faute de rien.

L. Traitez - nous
bien ; car nous ſom-
mes las & demi
morts de faim & de
ſoif.

pet ſo ahanoc'h - hu ?

L. C'huec'h oump
en un compagnunez.

S. Bet honneüs
logeys aſſez
evit tri guement all :
Diſquenit pa pligeo
gueneoc'h.

L. Ha c'huy oc'heus
marchauſſy mat
foüen mat ,
ha querc'h mat ,
ha læter mat ? ha
guln mat oc'heus hu.

S. Ar guella à gue-
ment ſo é quer :
tanva à reoc'h.

L. Ha c'huy oc'heus
netra da dibri ?

S. Ya ſur ? Autrou-
nez , diſquennit hép
muy quen ne defauto
dec'h netra.

L. Hon traitit er-
vat ;
rac ſcuyz omp , hag
anter maro gant
naoûn ha ſec'het.

E

S. Messieurs, vous serez bien traitez, & vos chevaux aussi.

L. C'est bien dit, frotez bien mon cheval : quand vous l'aurez dessellé, détroussez sa queuë, faites lui bonne litiere, prenez son licol, qui est en la bourse de la selle, s'il n'y en a point, achetez - en un : je vous rendrai vôtre argent, & si aurez vôtre vin.

S. Monsieur, il n'y aura point de faute, vôtre cheval a - t - il bû ?

L. Non, mais ne l'abrevez pas encore, il est trop chaud, vous lui feriez prendre les avives,

S. Autrounez, træt-tet mat vihet, hag ho roncet yvez.

L. Lavaret mat co, frottit ervat ma marc'h : pa ho pezo en dizibret, distrounçit é lost, grit deza læter mat, comerit é cabestr, pehiny à so é godell an dibr, ma nedeus nicun, prenit unan : me à rento dec'h oc'h arc'hant, hag o pezo lot ar guin.

S. Autrou, ne vezo qu' t à faut, ho marc'h - hu ha douret evan ?

L. Nedequet, hoguet na abreuvit ên quet c'hoas. re tom eo deza, occasion vec'h deza

promenez - le
un petit ,
& quand il aura
mangé quelque peu ,
vous le menerez
à l'abrevoir : regardez
si les sangles
sont rompuës : appor-
tez ma bougette
qui pend à larçon
de la selle ,
tirez mes bottes ,
& nettoyez - les ,
puis mettez dedans
les triques houf-
fes.

S. Il sera fait , Mon-
sieur , vous plaît - il
maintenant venir
souper ?

L. Vous dites bien ,
vous êtes bon compag-
non or sus allons ,
je suis tout prêt.

D. Je m'en vai
souper en Ville ,
si quelqu'un me de-
mande , vous me

da caouet an avies ,
pourmenit ên
un neubeut ,
ha pa endevezo
debret un neubeut ,
cassit en
da esva :
sellit hag ar cenclou
so torret : digacit
ma bougeden ,
pehiny so ouz arçon
an dibr ,
tennit ma heuson ,
ha torc'hit - y , ha
goudé liquit ebars
an trique - heusou.

S. Gret vezo Au-
trou , plig hag en à
plig guenec'h bremau
dont da goania.

L. Mat é leverez ,
compagnon mat out :
orça demp breman ,
me so prest.

D. Me à ya
da goania é Quer ,
mar em goulen
den em queffot ty

trouverez á la maison
du Tréforier : ou
bien dites leur que je
reviendrai incontinent
après avoir
foupé.

A. Ecoûtez : demain
au matin devant
que vous abreviez
mon cheval menez le
au maréchal , & qu'il
prene garde de ne
l'enclouer.

S. Meffieurs ,
n'oubliez pas de
boire à moi : je
vous plaigerai tous.

A. Affurement
vous avez grand
tort de quitter fi
bonne compagnie.

D. Il ny a remede ,
je vous tiendrai
compagnie demain
toute la journée.

A. Quelles gens y
a-t-il la dedans ?

S. Ce font Hôtes.

an Tenforien : pe
livirit deze é dizroyn
incontinant
ha ma embezo coa-
niet.

A. Clevit : voar
c'hoas mintin ,
ebars daura ma
marc'h , caçit - en
d'ar marechal ,
ha lequeat evez n'en
enclanvo.

S. Autrounes ,
ho pezet edoún da
efva din , ha me o
cretai oll.

A. Certen , gaou
bras oc'heus , terry
an hevelep compag-
nunez - man.

D. Ne ouffet petra
rahet , me vezo com-
pagnon dec'h voar
c'hoas à het an deiz.

A. Pe feurt tut à fo
ebars ?

S. Hoftifyen int.

A. D'où sont - ils ?

S. De cette Ville,
vous plaît - il souper
avec eux ?

A. Nous sommes
content.

S. Dieu soit avec
vous, Messieurs.

E. Grand merci,
mon hôte.

S. Je vous prie fai-
tes bonne chere dè
ce qu'il y a, & n'é-
pargnez pas le vin,
car il fait une chaleur
assoupissante ;
tirez une chopine
de vin clairet, pour
leur donner à goûter.
Mes hôtes, que
vous semble-t - il de
ce vin ? n'a-t-il pas
bon goût ?
n'a - t - il pas belle
couleur ? n'est - il pas
bon à boire ;

A. Il est beau & bon :
où est l'hôtesse ?

A. Pe à lec'h int-hy?

S. A ves ar Guer -
man, ha c'huy o teur
coania gant é ?

A Countant oump.

S. Doué da vezo
guencoc'h Autrounes

E. O trugarecat,
ma hostis.

S. Me ho supply,
grit cher mat, à ves
ar pez so, ha na es-
pernit quet ar guin,
rac toinder à ra ha
c'hoant coufquet ;
tennit ur chopinat
guin clairet, evit
rei deze da tanva.
Ma hostisien, petra
à songit - hu à ves ar
guin man ? ne den-
quet blazet mat ; ne
denquet livet mat ?
ha ne dall en quet er
vat é efva ?

A. Mat, ha caër eo ;
ma idyan hostyses?

S. Elle viendra incontinent, faites cependant bonne chere de ce que vous avez, vous ferez mieux traitez une autre fois.

A. Nous sommes très-bien, mon hôte, nous vous remercions.

S. Monsieur, je bois à vous.

A. Je l'aime de vous, mon hôte, je vous remercie de bon cœur.

S. Monsieur, vous plaît-il, avec vôtre permission, que je boi à vous?

A. Je vous remercie cent mille fois.

S. Il me semble vous avoir vû autrefois, mais il ne me souvient pas bonnement où.

S. Donet à rai incontinant, grît o gortoz cher vat à ves ar pes so guell trættet é vihet hu guechall.

A. Ervat emaomp, ma hostis, o trugarecat à reomp.

S. Autrou, me à eff dec'h.

A. Me en evo diguenec'h, ma hostis, hag o trugarecat à galoun mat.

S. Autrou, hac en à pligo guenec'h rei conge din da efva dec'h?

A. Ho trugarez cant mil guec'h.

S. Avis à ra guenen ho peza guelet à guez all, hoguen nemeus quet à coûn bonamant pe é lec'h

il m'est avis que
c'étoit à Bruxelles.

A. Oüi vrayement,
je suis de Bruxelles.

S. Il ne vous
deplaira pas,
si je demande
vôtre nom :
comment vous
appellez - vous ?

A. Je m'apelle Yves.

S. De quel lignage
êtes vous ?

Y. De la lignée des
écoliers.

B. Vous dites vrai,
je sçais maintenant
comme est vôtre nom.

Y. Comme vôtre
ami, prêt à vous
rendre service,

B. Je vous remercie
de vôtre bonne
volonté : d'où venez
vous maintenant ?
de delà la mer.

Y. Non,
je viens de France,

me à istim
ezeo en Bruxelles.

A. Ya certes
me so à Bruxelles.

S. Ne displigeo
quet guenec'h,
mar goulennân
oc'h hano :
pe hano à ret
à hanoc'h - hu ?

A. Eusen à rer ahano

S. Pe à lignez
ezouc'h - hu ?

Y. Aves à lignez
ar scholaërien.

B. Guir à livirit,
breman oc'h anavan,
penaus à hanoc'h - hu.

Y. Evel ho
mignon, prest da
renta servich dec'h.

B. O trugarecat à
rân à ves ho volonté
mat : pe à lec'h é
deuet hu breman, eus
ar costé allor mor.

Y. Salv ho graç,
donet à ran à Franç,

d'Angleterre,
& d'Allemagne.

B. Que dit - on de
nouveau en France ?

Y. Certes rien de bon

B. Comment cela ?

Y. Ils sont tellement
bandez les uns
contre les autres,
que j'ai horreur
d'en parler,

S. Dieu vous preser-
ve de la guerre civile ;
car c'est un mauvais
fleau : mais il
nous faut
avoir patience,
nous aurons la paix
quand il plaira à
Dieu,

A. Quelles nouvel-
les en cette ville :
que dit on de bon.

S. Tout va bien,
je ne sçai rien de
nouveau.

Y. Messieurs, ne
vous déplaise, je me

à Brofaos,
hag à Allemagn.

B. Petra so à nevez
en Franç ?

Y. Certen netra à vat.

B. Petra à quement?

Y. Quement ema en
em bandet an eil
à enep eguile, ma
emeus horreur o pre-
zec eus andrase.

S. Doué hon préfer-
vo eus ar brefel ci-
vil ; rac beza ezeo ur
crueldet bras : hoguen
ret eo demp cahout
patiantet,
ny or bezo ar puec'h
pa pligeo gant
Doué.

A. Pebez quelou
so en quer - man ;
petra so à vat ?

S. Petra so mat,
ne cûn netra à
nevez.

Y. Autrounes,
nemet na difplige

trouve un peu
mal.

S. Monsieur, si
vous vous trouvez
mal, allez vous re-
poser, vôtre chambre
est prête : Jeanne fai-
tes bon feu en sa
chambre, & qu'il
n'aye faute de rien.

Y. Mamie, mon
lit est-il fait ? est-il
bon & mol ?

F. Oüi, Monsieur,
c'est un bon lit de
plume & les linceuls
sont fort blancs.

Y. Tirez mes chauf-
ses & bacinez mon
lit ; car je suis fort
mal disposé je tremble
comme la feüille sur
l'arbre : chauffez mon
bonet de nuit
& serrez bien ma tê-
te : holà vous serrez
trop, apportez mon
oreiller & me

dec'h en em caouet à
ran un neubeut clâm.

S. Autrou, mar en
em quivit clân, it
da repos ho cambr à
so prest : Jannet,
grit tan mat en é
gambr ha na deffauto
netra.

Y. Ma mignounes,
ha gret eo ma
guelé ? hag en so
ervat ?

F. Ya sur Autrou,
ur guele mat à plum eo
hag al linseryou so
guen cann.

Y. Tennit ma ezrou
ha tommit ma guele,
rac drouc disposet bras
oûn : crena à ran
evel an delien
voar ar vezen : tom-
mit ma c'houef noz ha
stardit ervat ma pen :
hola, re é
stardit, digaçit dîn
ma oriller, ha ma

couvrez bien,
ôtes les courtines,
& les attachez
d'une épingle,
où est le
pot de chambre ?
où est la
chambre basse ?

F. Suivez - moi, &
je vous montrerai
le chemin :
montez tout droit
là - haut, & vous les
trouverez à la
main droite, si vous
ne les voyez, vous
les sentirez bien,
Monsieur,
ne vous plaît - il
autre chose ?
êtes vous bien ?

E. Oüi mamie, éteig-
nez la chandelle, apro-
chez vous de moi.

F. Je l'éteindrai
quand je serai hors
de - là ; que vous
plaît il ? n'êtes - vous

goloit ervat ; tennit
ma courtinou,
hac attachit y
gant ur spillen,
pe é lec'h ema
ar pot chambr ;
pe é lec'h ema
ar c'hambr cas ?

F. Ma culiyt,
ha ma difqueufo dec'h
an hent :
pignit coun ouz
crec'h, hag o
queffot en tu
dehou, ma n'ho
quevet, o fantouz
à rahet ervat,
Autrou, ha
netra à fell dec'h-hu
quen ? hag
ervat edoc'hu ?

E. Ya - sur mignou-
nes, lazit ar goulou,
ha deuet toftic dîn.

F. Me é lazo pa ve-
zint ait ar c'hambr ;
petra à fell dec'h - hu
ha ne maoc'h quet

pas encore bien ?

Y. J'ai la tête trop
basse, haussez un peu
le traversin, je
ne sçaurois coucher si
bas :
Mamie, baisez - moi
une fois,
& j'en dormirai
mieux.

F. Dormez : dormez
vous n'êtes pas mala-
de, puisque vous
parlez de baiser
plûtôt mourir
que baiser un homme
dans son lit,
ni autre part :
Reposez en Dieu,
Dieu vous donne
bonne nuit, &
bon repos.

Y. Grand merci,
la belle fille.

ervat c'hoas ?

Y. Ma fen à so re
isell, gorroit un
neubeut an oriller ne
ouffen quet cousquet
quen isell - se :
Ma mignounes,
pocquet din ur guez,
hag é cousquin
guell à se.

F. Cousquit, cousquit
n'en doc'h quet clân,
pa coumpsit
à pocquet guell,
é guenên mervel
evit pocquet da un
den en é vele,
nag é lec'h aïl :
Reposit é hano Doué
Doué da roi doch
noz vat, ha
repos mat.

Y. O trugarecat,
plac'h coüant.

LE VI. CHAP.
Devis familiers
de la levée.

Simon, Robert, Artus.

S A, ſa, nous leve-
rons nous ?
n'eſt - il pas tems
de ſe lever ?

R. Quel heure eſt-il

A. Il eſt deux heures
il eſt trois heures,
garçon apporte
la lumiere, & fais
du feu que nous
nous levions.

B. Criez plus haut,
il ne vous entend pas.

C. Me voici, Mon-
ſieur, que vous plaît-
il ? il n'eſt pas
encore jour, vous
pouvez dormir deux
bonnes heures avant
qu'il ſoit jour.

AR VI. CHAB.
Diviſou familier
evit ſevel.

Simon, Robert, Artus.

O Rça, ſevel
à ra deomp ni ?
ha n'en dequet
poent ſevel ?

R. Pet heur eo ?

A. Diou heur eo,
teir heur eo,
paotr, digaç
goulou aman,
ha gra tan,
evit ma ſavimp.

B. Criyt huelloc'h,
n'ho cleven quet.

C. Chetu me aman,
Autrou, petra à
fell dech hu ? nende-
quet c'hoas deis,
couſquet é hillit
diou heur c'hoas
abars ma vezo deis.

A. Va, va,
allume le feu,
tu nous veux faire
aussi paresseux, &
aussi bons ménagers
que toi,
seche ma chemise,
afin que je me leve.

B. Demeure au lit
qui voudra,
quant à moi, j'ai
trop d'affaires.

A. Où est le
palfrenier, allez
lui dire qu'il abreve
mon cheval à la
riviere ; quand il
l'aura bien froté
& étrillé
peigne les crins,
sele-le, &
trousse sa queuë,
qu'il le laisse
bien boire ; &
puis qu'il lui baille
un picotin & demi
davoine.

B. Allez - moi ache-

A. Quæ, quæ,
allum an tan, te
à fell dit hon ober
quen diegus, ha
quen couls tieyen
ha te, sec'h dîn ma
rochet evit ma
sivin.

B. Chommet en é
vele nep à garo,
evidoûn - me memeus
re à afferou.

A. Pe é lec'h ema
an palafrigner,
it da lavaret dezan
caç ma marc'h
da abrevy ; ha pa
en devezo ên frottet
mat, ha scrifellet
cribat é moué,
é dibra, ha
tronça é loft,
hag é lesell ervat
da efva ; ha
goude roet deze
ur musur hac anter
à querc'h.

B. It da prena dîn

ter une douzaine
d'éguilletes , les
œillers de mes
chausses sont rompus :
prêtez - moi vôtre
poinçon.

C. Etes - vous de-
bout , Monsieur ?

A. Oüi ,
n'est - il pas tems ?

G. Il n'est pas tard ,
les marchands
n'ont pas encore
ouvert leurs boutiques
ni déployé
leurs marchandises ;
habillez vous à vôtre
aise.

A Nous ollons à
l'Eglise , aprêtez en
attendant le dejeuné.

C. Que voulez-vous
que j'apprête
il est aujourd'hui
jour de poisson.

A. Comment.

C. C'est la vigile
de saint Barthelemi ,

un doussæn æquille-
ten , toulou laç
ma lezrou
à so torret :
prestet dîn ho
poençon.

C. Ha savet oc'h-hu
Autrou ?

A. Ya , ha n'ende-
quet amser ?

G. Ne dequet dive-
zat ar marc'hadourien
n'odeus quet
c'hoas digoret o
bouticlou na displeguet
o marc'hadourez ,
en em guisquit en
oc'h æsamant.

A. N'y à ya dan
Ilis , preparit da
gortos da diguny.

C. Petra à fell
dec'h à preparen - me ?
hiryo ezco
deiz pesquet.

A. Penaus ?

C. Vigel so da
Sant Barthelemy .

il est jour de jeûne. | yun so hirio.

A. Je n'y pensois | A. Nemboaquet
pas certainement, | à goun certen,
je ne sçavois pas | ne gouzient quet
qu'il fut jeune. | é oa yun.
aprêtez - nous donc | Preparit dcomp eta
une douzaine | un doucen
dœufs frais | viou fresq
cuits dans la braise, | poazet en tan
des gâteaux chauds, | cuignou tom,
& du beure frais : | hag aman fresq,
allons, Messieurs, | demp Autrounez,
êtes - vous prêts. | ha c'hui so prest.

B. Voicy vrayement | B. Certen chetu
une belle Ville | ur guer brao
& riche. Voyez | ha pinvidic.
les belles ruës & les | Sellit caërra ruou,
belles maisons. | ha caërra tyez.

A. Voilà | A Chetu aman
un beau Temple, | un Templ caër,
une belle Eglise. | hag un Ilis caër.

B. Voilà | B. Chetu
une belle fille, | ur plac'h caër,
une belle femme, | ur grouac caër,
un bel homme. | un den coant.

A. Quel gentilhom- | A. Pebez digentil
me est - celà ? | eo hennez ?

B. C'est le plus no- | B. An nobla ezeo

ble , le plus hardi ,	an hardiza
le plus honnête ,	an honesta ,
le plus sage ,	ar sçavanta ,
le plus riche ,	ar pinvidica ,
le plus humble ,	an humbla ,
le plus courtois ,	an courtessa ,
le plus liberal du païs.	an liberala
	aves ar bro.

A quel homme est celà ?

A. Pe sort den eo hennez ?

B. C'est le plus fier, le plus avaricieux le plus jaloux, le plus coüard, le plus peureux, le plus pauvre, le plus grand donneur de bonjours de la Ville.

B. An rocqua co, an avaritiusa, ar jalousa, ar coüarta, an aouneca, ar paoura, ar brassa debocher eus à guer.

A. Quelle femme est cela ?

A. Pe sort grouec eo hounnez ?

B. C'est la plus belle, la plus honnête, la plus chaste, la meilleure, la plus heureuse de la Paroisse.

B. An caëra co, an honesta, ar chasta, ar guella, an eurussa eus ar Parres.

A. Quelle fille est - ce cela ?

A. Pe seurt plac'h eo hounnez ?

B. Elle

B. Elle n'eſt pas fille, elle eſt mariée.

A. Elle n'eſt pas mariée.

B. Elle eſt fiancée, elle eſt veuve, elle eſt bonne ménagere, elle a un bon doüaire, elle a un bon mariage.

A. Qu'a t-elle en mariage ?

B. Elle a vertu & honnêteté, n'eſt - ce pas aſſez ?

A. Oüi.

B. Qui eſt ici enterré & enſevely ?

A. C'eſt Monſieur l'Abbé de N.

B. Voilà un beau tombeau, riche, liſons l'Epitaphe.

A. Retournons maintenant au logis pour dejeuner : & puis nous acheterons ce qu'il nous faut.

B. Nede quet plac'h, demezet eo.

A. Nede quet demezet.

B. Eureuzet eo, intanves eo, tyeguez mat eo, moyen edeveus, ar gourou mat edeus.

A. Petra edeus - y en ar gourou ?

B. Vertus edeus, hag honeſter, ha nede quet aoalc'h ?

A. Eo ſur.

B. Piou ſo aman enterret ha ſebelliet.

A. An Autrou Abbat N.

B. Chetu aman ur bez caër ha pinvidic lennomp an epitaph.

A. Retournomp breman d'an logeys evit dijuni : ha goude ni à breno ar pez à vo neceſſer.

****

LE VII. CHAP.
Propos de Marchan-
dises.

A. **M**Essieurs,
qu'achete -
tez - vous de bon ?
regardez si j'ay chose
qui vous accommode,
je vous ferai aussi
bon marché,
qu'aucune personne
qui soit en cette ville,
entrez dedans.

B. Avez - vous
des carisex, teinture
de Flandre ?

A. Oüy, Monsieur,
j'en ay de fort
beaux & bons
des meilleurs de
la Ville,
même qui soient en
Angleterre.
De quelle couleur
les demandez - vous

****

AN VII. CHAB.
Propos ou à Marc'ha-
dourez.

A. **A**Utrounez,
petra à pre-
not - hu à vat,
sellit ha memeus'ne
à plich dec'h,
me roi dec'h
quer couls marc'hat
ha den à guement
à so en quær - man,
entreit ebars.

B. Ha c'hui
oc'heus querese à liou
Flandres.

A. Ya sur Autrou,
me meus re
brao, ha re mat,
an re guella
à so en quer
ya à guement à so
en Brosaus,
Pe à liou
é goulennit - hu ?

brun, gris, orangé,
tanné, rouge, jaune,
violet, jen ay
de toutes couleurs
& à tous prix.

B. Que faites - vous
l'aune de ce noir ?
je vous supplie ne
me le surfaites pas.

A. ne voulez - vous
qu'en un mot :
il vous coûtera
un écu l'aune.

B. C'est trop,
j'en donneray
quatre sols.

A. C'est trop peu,
certes j'y perdrois,
il me coûte davantage,
prenez la piece
entiere pour
six livres quatre sols
six deniers :
ce n'est que
quatre sols
six deniers l'aune.

B. C'est trop
cher, combien y

brun, gris, orangé,
tanné, ru, melen,
violet; m'emeus
à pep liou,
hag à pep pris.

B. Petra à guerzit
hu ar goalen eus an
du ? me ho suppli na
guerzit é quet re din.

A. Ha ne fell
dec'hu nemet ur
guer, é cousto dec'h
ur scoet ar goalen.

B. Re eo,
me toi dec'h
pevar guennec.

A. Re neubeut eo
certen, coll à raen
davantaig à coust din,
querzerit ar pez antier
evit c'huec'h
livr pevar guennec
ha c'huec'h diner,
nede nemet
pevar guennec
ha c'huec'h diner ar
goalen.

B. Re quer eo,

a - t - il d'aunes ?

A. Vous verez les mesurer, il y en a vingt - sept & demie & un demi quart.

B. J'en donnerai tout au dernier mot six livres j'en ay refusé d'aussi bonne que celle - cy à meilleur marché d'un sol par aune.

A. Vous deviez la prendre, & je vous promets, que si vous n'étiez mon chaland, vous ne l'auriez pas à moins de six livres quinze sols. Mais puisque c'est vous, je vous rabbats plus de neuf sols sur la piece.
Je ne pense pas que vous voudriez ma perte, certes si vous la refusez personne

pet goalen so ?

A. Guelet à raet é mésuri, beza ezeus seiz voarnuguent anter hag un anter palevars.

B. Me roi evit ar guer diveza c'huec'h livr. Memeus refuset quer couls hag ema guel marc'hat ur guennec ere oualen.

A. E dlevisac'h é quemeret, me promet dec'h, ma na visec'h ma marc'hadour, no pe en quet à vianoc'h c'huec'h livr pemzec guennec. Hoguen pa eo c'hui, me à rabbat dec'h mui evit naou guennec voar ar pez.
Me à song ne carac'h quet à coll din, certen mar é refusit den er

du monde ne l'aura
pour le prix : assure-
ment, fusse mon
propre frere.

B. Or bien,
vous me rabattez
les dix deniers,
pour faire le compte
juste.

A. Je ne me tiendrai
pas à dix deniers
je vous payerai en
bon or, de poids.

B. Ce m'est tout
un, la monnoye m'est
aussi bonne que l'or ;
mais certainement
vous êtes trop chiche ;
toutefois j'aime
mieux perdre
que de vous refuser,
j'espere que j'aurai
une autre fois
plûtôt qu'un autre
de vôtre argent.

A. Oüi vraiment :
je ne vous laisserai
pour un autre, je

bet n'endezeo evit
ar pris : ya,
pa ve ma
breur ve.

B. Mar eta,
rabati à ret din
an dec diner, evit
ober ar gont
just.

A. N'ho refusin
quet evit dec diner,
me paco en aour
mat hag à poues mat.

B. Ne deus quet
à cas, monneiz
à so couls guenen
hag aour : hoguen
certen, re chich ouc'h
coulscoude guell
eo guené coll
evit ho refusi ;
me esper emezo
ur guech all
quen evit un all
eus ho arc'hant.

A. Ya vezo sur :
n'ho lifin quet
evit monet da un all,

voudrois avoir un porte - faix ; car il me faut acheter bien d'autres choses, & mon logis est éloigné.	me care em be ur portezer ; rac ret eo dîn prena cals à traou all, ha ma ty so pell ac'han.
A. Que vous faut-il davantage ?	A. Petra à fell dec'h davantaig.
B. Une piece ou deux de velous.	B. Ur pez pé daou à voulous.
A. Je n'en ai pas ; mais allez à la boutique prochaine, l'autre côté de la ruë l'on vous y fera meilleur marché pour l'amour de moi.	A. Nemeus quet ; hoguen it d'an stall tosta, ar costez all d'ar ru ; hag o bezo guel marc'hat abalamour din - me.
C. Monsieur, que demandez - vous ? cherchez - vous de bon velous, satin, damas, futaine, ostade, bougrain, tafferas, ou aucune sorte de drap de soye ? que voulez - vous ? on vous fera bon marché.	C. Autrou, petra à goulennit - hu ? clasq à ret - hu voulous mat, satin, damas, fusteu, ostad, bougaron, taftas, ha peb sort scerzou ? petra fell dec'h - hu ? me rai dec'h marc'hat mat.

B. Cet aprentif
a bonne langue :
il veille au profit
de son maître.
Montrez - moi une
piece de velous noir.

C. Bien, je le fe-
rai, regardez, n'eſt-
il pas bon ? en avez-
vous vû jamais de tel.

B. N'en avez - vous
pas de meilleur ?

C. Oüi, mais il eſt
de plus grand prix.

B. Je ne m'en ſou-
cie pas, quoi qu'il
coûte ; mais qu'il
ſoit bon.

C. Voici du meil-
lexr velous, que vous
maniâtes jamais.

B. Vous voulez me
le faire acroire. J'en
ai vû de meilleur,
& de pire : Ne le
déployé pas tout,
j'en ai eu la vûë.

C. Il n'inporte pas,

B. An diſquibl-man
endeus teaut mat :
diuny à ra evit
profit é væſtr.
Diſqueſit din ur
pez voulous du.

C. Mat, me rai,
ſellit ha nedequet
mat ? ha c'huy velas
biſcoaz é ſeurt ?

B. Ha na eus - hu
quet à vell ?

C. Eus ſur ; hoguen
à braſſoc'h pris cé,

B. Ne ſourcian
quet peguement à
couſto, nemet é
vezo mat.

C. Chetu aman at
guella voulous, à
maneſoc'h biſcozz,

B. C'hui à ſalfe
dec'h rei da cridi din,
Me meus guelet
guell ha goal yvez :
Na diſpleguit quet
oll, memes en guellet,

C. Nedeus

celui qui a déploye,
le reploira bien
encore ; peine d'un
vilain n'eſt pour
rien comptée.

B. Que m'en
coûtera l'aune ?

C. Vingt ſols,

B. Vous le faites
trop.

C. Non certaine-
ment car il n'eſt pas
poſſible d'en trouver
de meilleur ni de plus
belle couleur.

B. Vous direz ce
que vous voudrez ;
mais je n'en donnerai
pas tant.

C. Combien en
donnerez - vous ? afin
que je vende, & que
vous me donniez
bonnes étrennes.
J'eſpere que vous
m'aportiez bonheur.

B. J'en donnerai
dix - ſept ſols tout en

quet à cas, nep en-
deus é diſpliguet er
plego adarre ; poân
un diegus ne depriſet
netra.

B. Petra couſto-dín
ar goualen ?

C. Uguent guennec.

B. Re en iſtimit.

C. Ne ran quet
certen ; rac impoſſibl
ve dín cahout guell
nag à caëroc'h
liou.

B. C'huy à lavaro
arpez à pligeo guen-
nec'h ; hoguen ne
roinquet quemen ſe.

C. Peguemen à
roit - hu ? evit ma
guerzin, ha ma roet
dín commancamant
mat.
Me à eſper é vihet-
heur mat dín.

B. Roi ſeitec guen-
nec en ur guer, ha

un mot , l'aurai - je ?

  C. Non , s'il vous plaît , je ne puis vendre à ce prix : vous le savez bien , il ne faut point vous le dire , il me coûte plus que vous ne m'offrez , je perderois trop.

  B. Combien faites-vous les deux pieces ensemble ? & n'ayons qu'une parole.

  C. Ne voulez-vous s qu'un mot , vous en payerez trente deux livres : autant en un mot qu'en cent , vous n'en rabattrez pas une maille.

  B. Non , non , vous êtes trop cher , dites - moi le dernier mot & ne me faites pas tant demeurer.

m'embezo - ên ?

  C. Salv ho graç , ne hallen quet é rei eus ar pris-se : gouzout à rit ervat , nedeus quet affer da lavaret dec'h , muy à coust dîn evit na offrit dîn , re à collen.

  B. Peguement é prifit - hu an daou pez assemblez ? ha non bezet nemet ur guer.

  C. Ha ne fell dec'h-hu nemet ur guer , é paeot diou livr ha tregont : quement en ur guer hag é cant , ne rabaten quet ur mezell.

  B. Netra , netra , re quer ouc'h , livirit dîn an diveza guer , ha na rit quet dîn choum queit - se.

C. Monsieur ,
je vous l'ai dit ;
je suis homme
de parole ,
je ne le pourrois
donner à moins si je
n'y voulois perdre.

B. Puisque vous
êtes homme d'un
mot, il nous faut
aller ailleurs ,
vous faites vôtre
denrée hors de rai-
son.

C. Allez où il
vous plaira au nom
de Dieu, cherchez
vôtre mieux, j'aime
mieux qu'un autre
y gagne, que j'y
perde :
Mais je puis vous
aſſûrer d'une choſe,
que quand vous
iriez par toutes les
boutiques d'Anvers,
vous ne trouverez
pas tel offre que je

C. Autrou ,
lavaret emeus dec'h
me ſo den
d'am guer ,
ne ouffen quet é
rei à bianoc'h nemet
coll à ſalſe din.

B. Pa ouc'h
den d'ho guer ,
co ret demp
monet é lec'h all ,
é priſout à rit
ermeas à ræſon.

C. It é lec'h ma
pligeo gueneoc'h en
hano Doué , cliſquit
guell , guell
eo guennên ur all
da gounit , evit é
collen :
Hoguen me oz ell
aſſuri à un dra,
pa oc'h da quement
ſtaliou ſo en Anvers ,
ne caffac'h
quet guel offr ,
evit à ran deoc'h.

vous fais, toutefois,
si vous ne trouvez
mieux, retournez,
vous sçavez mon
prix.

B. Vôtre prix n'est
pas pour nous.

C. Bien, à vôtre
commandement,
vous sçavez ce que
vous avez à faire.

B. Ou bien, puis-
que nous ne pouvons
accorder,
adjeu : Dieu vous
preserve.

C. A vôtre bon
plaisir, si je le pou-
vois laisser à moindre
prix, vous lauriez
plûtôt qu'homme
du monde, même
pour l'amour de celui
qui vous a envoyé
vers moi.

D. Ils s'en vont,
ils s'en sont allez.

C. Laissez-les al-

coulscoude, ma
na quivit guel,
diztroit adarre,
gouzout à rit
ma pris.

B. Ho pris ne ded
quet evidomp-ny.

C. Mat, en ho
volontez, gouzout
à rit petra oc'heus
da ober.

B. Breman eta,
pa na hellomp accor-
dy, adiè
Doué d'ho preservo.

C. Evel ma plige
guenec'h, ma hallen
é lesell à bianoc'h
pris, ho pe en
quer quent, ha den
er bet, memes abala-
mour dan hiny endeus
ho digacet davedon.

D. Monet à reont,
æt int.

C. Lisit-y da vo-

ler, laissez - les cou-
rir ; quand ils auront
couru assez par la
foire , ils retourne-
ront à nous.

E. Monsieur, il
me semble que ce
velous est bon, si
nous le refusons,
nous en trouverons
pas de tel pour le
prix ; demandons-lui,
s'il veut rabattre
les quarante sols ;
le prendrons - nous ?

C. Oüi, si vous
m'en croyez , &
vous ne vous en re-
pentirez point.

D. Mon maitre ,
ils retournent.

C. Ils feront les
biens venus , s'ils ap-
portent de l'argent.

B. Je vous prie ,
ne nous faites plus
promener ; voulez -
vous prendre trente

net, lisit da redec ; pa
o devezo redet o
goalc'h dre ar foar,
é distroint dave-
domp.

E. Autrou , avis
à ra guenen co mat
ar voulous man , mar
er refusomp , ne
caffemp quet quer
couls evit ar pris ;
goulennomp diganta ,
hag én à rabato
an heiz real ; ha
ny én commeret ?

C. Ya - sur, mar
am cridit , ha n'ho
bezo cueus er
bet.

D. Ma mæstr ,
distrey à reont.

C. Deuet mat ra
vezint, mar digaçont
arc'hant.

B. Me ho supply,
na rit demp muy
pourmen ; c'huy o
teur comeret tregont

livres de deux pieces sans plus barguigner, & nous vous compterons de l'argent.	livr eus à daou pez hep barguignat muy, ha ny conto dec'h arc'hant.

C. Certes, vous êtes importuns, vous ne vous souciez pas si je perde, ou si je gagne ; cela vous est tout un : or sus, mesurons-le.

C. Certen, importun oc'h, c'huy ne sourcy quet pe me à coll, pe me à goune, nedeus quet à cas : la, la, mesur omp ên.

B. Non, non, je le tiens pour mesuré, je m'en fic à vous ; tenez vôtre argent.

B. Netra, netra, me en comer evit muser, me à fiz ennoc'h : dalet oc'h arc'hant.

C. Cet Angote est trop court. Cet écu au Soleil est trop leger. Ces pieces de dix sols sont roignées. Ce ducas n'est pas de poids. Cet écu de Flandre n'est pas de mise. Ce real est bas or. Ce daler n'est-pas

C. An Angelot-man à so re ber. An scouet Eaul-man à so re scaon. Ar peziou dec guennec à so roignet. An ducat-man nedequet à poues. An scoet Flandres-man, ne de quet à usaig. An real-man à so à aour fall. An

de bon argent. Ces reales d'Espagne ne font pas bons.

B. Vous êtes bien difficile à recevoir de l'argent, si j'eusse sçû cela quand vous m'eussiez vendu vôtre marchandise à vingt livres, veritablement je n'en eusse pas voulu prendre.

C. Monsieur, il est à vôtre choix de le prendre ou de le laisser ; je n'y gagne pas tant que je doive prendre de l'argent faux, ou qui ne soit de mise.

D. Vrayement, je ne l'ai pas forgé, ni rogné.

C. Je le croi bien ; mais je ne sçaurois le donner

D. Tenez, voilà ma bourse, payez-

daler - man ne dequet à arc'hant pur. An real Spaign ne dintquet mat

B. Difficil bras oc'h da comeret arc'hant : ma ouisen andrase, pa ho pise guerzet ho marc'hadourres à uguent liur, em guirionez n'em bise quet comeret.

C. Autrou, evel ma pligeo gueneoc'h de comeret pe de lesel : ne gounean quet quement ma dleffen comeret arc'hant faos, hag à poues fall.

D. Certenamant, n'emeus - ên quet forget, na rouignet.

C. Me cret ervat hoguen ne ouffen petra à rahen.

D. Dalet, chetu ase va yalc'h,

vous à vôtre conten-
tement.

C. Voilà un sol
qui est faux.

D. Attachez - le à
ce poteau.

C. Il sera fait,
apportez - moi le
marteau & un clou :
Je voudrois que les
oreilles de celui qui
l'a fabriqué fussent
si bien clouées comme
il est.

D. Il n'y auroit
point de danger.
Or sus, êtes - vous
content ?

C. Oüi, Monsieur,
je vous remercie,
n'épargnez
chose que j'aye, aussi
bien sans argent,
qu'avec argent.

D. Grand merci
Monsieur : portefaix
chargez cela sur vô-
tre dos, & le portez

en em paet en ho
volontez.

C. Chetu afe ur
guennec à so faos.

D. Staguit - ên ouz
ar post - se.

C. Græt vezo, di-
gaçit din ar morzoll
hag un tach. Me à
care diou scoüarn
an hiny endeus ên
coignet event quent
couls staguet evel
ma con - ma.

D. Ne ve ques
à cas.
Or ça, à c'huy so
countant ?

C. Ya-sur, Autrou,
ho trugarecat,
na espernit tra à
guemen emeus,
couls hep arc'hant,
evel gant arc'hant.

D. O trugarez,
Autrou : portezer
liquit hennez voar
ho quein, ha douguit

en mon logis.

 E Je ne fçai où vous êtes logé.

 D. A l'Enſeigne du Lion d'or, en la ruë de la Chambre, & dîtes qu'on apprête le dîner : car incontinent nous ſerons là.

 C. Acheterons-nous une poupée ou deux pour nos en-fans ?

 B. Achetez - en pour nous deux.

 D. Eh bien hôteſſe, dînerons - nous ?

 G. Lavez - vous quand il vous plaira, & allez vous ſeoir.

 D. Faites ſceller, & brider nos chevaux : nous devrions déja être à deux lieuës d'ici.

 C. Sus dînons tous debout. Allons.

ên da ma logeís.

 E. Ne oun quet pe é lec'h oc'h loget.

 D. En Anſaign an Leon aour, en ru ar Cambr, ha livirit da prepary lein : rac breman ny à yel dy.

 C. Ha ny à pren ur marc'hoden pe diou evit hon bugale-jou ?

 E. Prenit evidomp hon daou.

 D. Hon hoftiſes, ha leina à rahemp - dy ?

 G. Guelc'hit pa pligeo gueneoc'h, hag it da azeza.

 D. Grit dibra, ha brida hon roncet : é dleffemp breman beza diou leau ahan.

 C. Ca leinomp oll à ſao. Demp.

  E. Contomp

E. Comptons hôte, que devons - nous ?

H. Vous devez quatre sols six deniers, homme & cheval.

D. Tenez, êtes-vous content ?

H. Oüi, Monsieur.

D. Où est la servante ? Tenez m'amie, voilà pour vos épingles. Valet amene ici mon cheval, l'as-tu bien pensé ?

J. Oüi, Monsieur, il n'a eû faute de rien.

D. Tiens, voilà ton vin, comme je t'ai promis, afin que tu te souvienne de moi un autre fois.

J. Grand merci, Monsieur, vous me trouverez toûjours prêt à vous rendre

E. Contomp, hostis petra à dleomp-ni ?

H. E dleit pevar guennec ha c'huec'h diner, à evidoc'h hac ô roncéet.

D. Dalet, ha c'huy so contant ?

H. Ya - sur, Autrou.

D. Ma idy ar vates ? Dalet, ma mignonec, chetu evit ho spillou. Paotr, digaç aman ma marc'h, ha te cusên tretet mat ?

I. Ya-sur, Autrou à n'en d'eus bet faut, netra.

D. Dalet, chede guers ar guin, evel evel em boa promett, evit ma é bezo coun à hanoun ur vech - all.

I. O trugarez, Autrou, ma cahout à rahet bepret prest evit ober servich

G

service : n'épargnez
pas le logis quand
vous passerez : car
vous serez auffi-
bien traité & servi,
qu'en logis qui soit
à Anvers.

D. Je l'ai ainsi
trouvé , je ne le
changerai pas pour
un autre,

deoc'h : na espernit
an logeis pa tre-
menot : rac beza
vihet quer couls
trætet ha servichet,
hag é ty à so en
Anvers.

D. Evel-se emeus
é cavet , n'en fen-
chin quet evit un
all.

Les Nombres.

An Nombrou.

UN , deux, trois ,
quatre , cinq ,
fix, fept, huit, neuf,
dix , onze , douze ,
treize , quatorze ,
quinze , feize , dix-
fept , dix - huit , dix-
neuf , vingt ,
vingt & un ,
vingt & deux ,
vingt & trois ,
vingt & quatre ,

UNan, daou, try ,
pevar , pemp ,
c'huec'h , feis , eis ,
naou , dec , unnec ,
daouzec , trizec , pe-
varzec , pempzec ,
c'huezec , feitec , tri-
c'huec'h , naontec ,
uguent , unan voar-
nuguent , daou
voar nuguent , try
voar nuguent , pe-

trente, quarante,
cinquante,
soixante, septante,
Octante, nohante,
Cent, Mille, dix
mille, cent mille,
Millions, deux
millions.

var voar nuguent,
tregont, daou uguent
anter cant, try
uguent, dec ha try
uguent, pevar uguent
dec ha pevar uguent,
Cant, Mil, dec mil,
cant mil, Million.

****

LES JOURS
de la Semaine.

AN DEIZIOU,
eus ar Sizun.

Dimanche,
Lundy,
Mardy,
Mercredy,
Jeudy,
Vendredy,
Samedy,
une Semaine,
un jour,
huit jours,
quinze jours,
un mois,
un an,
un demi an,
un terme.

Dissul,
Dyllun,
Demeurs,
Demerc'her,
Diziou,
Derguener,
Dessadorn,
ur Sizun,
un deiz,
eiz deiz,
pemzec deiz,
ur mis,
ur bloas,
un anter bloas,
un termen.

G iij

✳✳✳✳✳✳✳✳✳✳✳✳✳ ✳✳✳✳✳✳✳✳✳✳✳✳✳

LE VIII CHAP.
pour apprendre à
faire les lettres,
Conventions,
obligations &
quittances.

AN VIII. CHAB.
evit diſqui da ober
Liſerou, contradou,
obligationou, ha
quittançou.

✳✳✳✳✳✳✳✳✳✳✳✳✳ ✳✳✳✳✳✳✳✳✳✳✳✳✳

La maniere d'écrire à
quelque Amy.

Ar façon da ſcriva da
ur mignon benac.

La ſuperſcription.

An ſuperſcription

Cette Lettre ſoit donnée
à mon Pere.
Pierre de Barlamont,
demeurant à Anvers,
en la rue haute joignant
l'Ecu d'Or.

Al lizer-man bezet roet
da ma Zat.
Pezres Barlamont à
chom en Anvers, en ru
uhela, toſt d'ar
Scouet aour.

MOn honoré &
bien aimé Pere
je me recommande
trés - humblement à
vôtre bonne grace,
& auſſi pareillement
à ma trés - aimée Me-

MA honorabl
ha caret Tat,
me en em recommand
humblamant d'ho
graçou mat,
hag ives memes
da ma Mam careta.

re. Sçachez que je suis en bonne santé, Dieu en soit loüé : mais sçachez auſſi, cher Pere, que j'ay grand deſir, de sçavoir comment eſt vôtre ſanté ; car je vous ay écrit deux où trois Lettres , ſans avoir reçû aucune réponſe , de quoi je ſuis foit étonné , ne ſçachant d'où cela peut provenir. Pourtant j'ay grand ſoin de vous , craignant qu'aucune adverſité vous ſoit arrivée.

Je vous prie donc , mon cher Pere, de ne me laiſſer plus long - temps en ce ſoucy ; mais je vous prie, pour l'amour que vous me portez ,

Gouezit ezoûn yac'h ha gaillard , à drugarez Doué : hog en gouezit Tat quer , emeus un deſir bras da c'houzout penaus à hanoc'h ; rac ſcrivet e m'eus deoc'h daou pe try liſerou hoguen n'emeus recevet reſpount er bet , hag ezoûn eſtonnet bras , pa na ouzon petra eo an occaſion. Coulſ coude ezoûn é ſourcy bras à c'hanoc'h , ho doucty na ve un ennuy bennac erruet guenevoc'h.

Ho pedi à ràn , ma Zat quer, na ma deleſet mui davantaich en ſourcy - man ; hoguen me ho pet dre ar garantez eç'heus diñ

qu'il vous plaise
de me récrire
de vôtre santé
par ce porteur,
ou par le premier
que vous trouverez.
De plus,
vous sçaurez, mon
cher Pere, que
j'ay grande affaire
de trois ou quatre
écus pour m'en ai-
der en ma necessité :
je vous prie, qu'il
vous plaise
me les envoyer
par ce porteur,
& vous prie
de ne penser pas
que je dépense
mon argent inutile-
ment; car je vous ren-
dray compte de tout
l'argent que vous
m'avez envoyé :
Il vous plaira aussi
me recommander à
tous nos amis.

é pligeo guencoc'h
discriva din
penaus à hanoc'h
dre ar messager-
man, pe gant
ar c'henta à
gueffet. Hag
yves é ouffet, ma
Tat quer, é m'eus
affer bras try
pe pevar scouet,
evit ma sicour
em necessité :
me ho supply,
ma pligeo guencoc'h
o digaç dîn
Dre ar messager-
man, hag ho sup-
pliàn na istimit quet
é dispignen
ma arc'hant inutilá-
mant, rac me rento
dec'h cont à guement
arc'hànt oc'heus di-
gaçet dîn : hag ho
supplian ives ober
ma gourc'hemennou
d'am oll mignonet.

Je n'ai autre chose
pour le present, sinon
qu'il plaise à Dieu
vous donner toû-
jours sa grace :
Par moi.

Jean de Barlai-
mont vôtre hum-
ble Fils , demeu-
rant à Bruges ,
sur le marché ,
à la Couronne.
Le premier jour de
Mai , en l'an de
Nôtre Seigneur ,
mil six cens
trente - un ,
prest à vous servir.

Ha netra davantaig
evit breman ,
nemet é pligeo gant
Doué rei dec'h
bepret é c'hraç e
Dreiz oun - me
Ian Barlaimont ;
ho Map humbl ,
à chom en
Bruges ,
en marc'hat ,
é anseign ar Curun.
En quenta deiz à
Maé , er bloas
hon Salver, mil
c'huec'h cant unan
ha tregont , prest
d'ho servicha.

RE'PONSE.

RESPOUNT.

MOn cher Fils ,
j'ay reçû le
dixiéme jour de Mai
vôtre lettre , écrité le
premier jour dudit

MA Map quer,
recevet
emeus an deevet
deis à Maé ho lizerou,
scrivet en deis

mois, par laquelle
j'ai entendu que
vous vous portez
bien, ce qui m'est
agréable, & que vous
avez aussi grand desir
de sçavoir comment
nous nous portons.
Aussi que vous m'avez
envoyé deux ou trois
lettres; mais
sçachez certes
que je n'ai reçû
nulles autres lettres
que cette derniere.

Je vous eusses sou-
vent écrit; mais je ne
trouvois point
aucun messager pour
porter les lettres, &
aussi je n'ai eu chose
qui fut necessaire de
vous écrire. Touchant
nôtre état,
nous sommes en bonne
santé, Dieu soit
loué. Vôtre Mere a
été malade deux

quenta an hevelep
mis, pe dre hiny
emeus ententet
ezec'h disfos, hag
emeus joa meurbet,
hac oc'heus yves desir
bras da gouzout
penaus à hanomp.
Hag yves oc'heus diga-
çit din daou pe try
lizerou; hoguen en-
tentit certen n'emeus
recevet lizerou all er
bet nemet an diveza-
man.

M'embise deoc'h
scrivet alies; hoguen
ne gayen messager
er bet evit caç an lize-
rou, hag yves
n'emeus bet netra
à vise necesser da
scriva deoc'h. Tou-
chant hon afferou, gail-
lard omp oll, Doué
da vezo meulet. Ho
Mam so bet clân daou
pe try deis; hoguen,

ou trois jours ; mais elle est à present guerie, graces à Dieu. Je vous envoye par ce messager quatre écus d'or ; mais gardez - vous bien de les dépenser inutilement, ce seroit mal fait ; car je les ai gagné avec grande peine, & à la sueur de mon corps.

Faites toûjours bien & soyez diligent : & sur toute chose, gardez - vous bien de hanter mauvaise compagnie. Vous avez commencé raisonnablement bien ; mais vous ne faites rien si vous ne perseverez. Non plus, je vous recommande à Dieu.

breman ezeo yac'h, à trugarez Doué. Me à caç deoc'h gant ar messager - man pevar scouet aour ; hoguen liquit evez n'ho impliget inutillamant, drouc gret ve ; raç m'emeus y gounet gant poan bras, gant c'huos ma c'horff

Grit bepret ervat, ha bezit diligeant : ha dreist pep tra liquit evez na hentac'h goall compagnunez. Commancet oc'heus à trugarez Doué ervat : hoguen na rit netra ma na guirit perseveri. Netra quen, ho recommandi à rân da Doué.

LETTRE

Pour écrire à ses Débiteurs.

DAvid mon ami, après toutes recommandations ; je vous prie avec toute amitié, qu'il vous plaise m'envo-yer maintenant les vingt livres que vous me devez : car certainement j'en ai grand besoin pour payer un homme à qui je dois, qui ne me laisse en repos de jour ni de nuit : si ce n'étoit cela j'attendrois en-core, mais la necessi-té me contraint ; partant excusez-

LIZER

Evit scriffa da Dléouderien.

DAvid, ma mig-non, goude pep recommandation : me ho pet amiabla-mant, ma pligeo guencoc'h digaç din breman an uguent liur pere à dleit dîn : rac cer-tenamant affær bras emeus anezo evit paca un den, pe da hiny é dleân, pehiny non les é peoc'h na deis na nos : pa na ve an drase, me à gortcé c'hoas, hoguen an necessité am contraingn : racse ma excusit.

moi. Venez une
fois jusques à Anvers
pour vous recréer :
& lors nous parlerons
de nos affaires à
loisir.

Veüillez nous écrire
de vôtre santé :
Quant à moi,
je suis en bonne
disposition,
Dieu en soit loüé.

Je vous prie aussi
de m'écrire réponse
par ce messager ;
& sçachez,
que si vous avez
affaire de moi,
ne m'épargnez pas
en tout ce qui
me sera possible
de faire pour vous,
Dieu demeure
avec vous.

Deuet ur guech
bete Anvers evit en
em recrey ;
neuse é compsimp
eus hon affærou en
hon pligeadur.

Discrissit demp pe-
naus à hanoc'h :
Evidoûn - me,
me à so é disposition
mat, à trugarez
Doué.

Me ho supply yves
da discriffa dîn respont
gant ar messager-
man : ha gouezit,
mar ho pez
affær à hanoûn - me,
n'am espernit quet
é quement ha da
vezo possibl dîn
da ober evidoc'h.

Doué da chommo
guençoc'h.

<table>
<tr><td>

REPONSE.

ROger, mon
ami, j'ai reçû
vôtre lettre,
par laquelle
vous m'écrivez
que je vous envoye
l'argent que je
vous dois, ce qui
m'est impossible de
faire maintenant,
je le vous envoirai
tout au plus tard
dans huit jours
sans aucune faute ;
car un homme,
qui me doit, a
promis de me bailler
de l'argent, lequel
je vous envoirai,
n'en ayez pas
de doute.

    Partant, veüillez
avoir patience
jusques à ce tems-

</td><td>

RESPOUNT.

ROger, ma
mignon, rece-
vet emeus ho lizer,
pe dre hiny
é scriffit din
ma caçen deoc'h
an arc'hant
à dleân deoc'h, ar
pez so impossibl
din da ober breman,
me ho quasso deoc'h
da pella oll abars
eis deis aman
hep faot er bet,
rac un den, pehiny
à dle dîn,
endeus promettet rei
arc'hant dîn, pere
à guiçin deoc'h n'ho
bezet douet
er bet.

    Rac - se, oz bet
patiantet é
queit - se à amser,

</td></tr>
</table>

là , je vous en prie ;
& ne soyez fâché
que je vous fais si
long - tems attendre ;
car sçachez de
vrai , qu'il n'en peut
être autrement.

Dieu vous donne
paix sans fin.

me ho supply ;
ha na faschit quet
à balamour ma or-
toit queit - se ;
rac gouzit certena-
mant ne hel beza
quen autramant.

Doué da roi deoc'h
peoc'h hep fin.

Pour payer une dette
avec excuse.

Evit paea un dlé gant
excusation.

ROger, mon
ami, je me re-
commande à vôtre
bonne grace : je
vous envoye par
ce messager , qui est
mon frere, les dix
livres que je vous
dois, & je vous
remercie qu'il
vous a plû si longtems
attendre :
je vous fais excuse

ROger , ma mig-
non , me em
recommand d'ho
graçou mat : hag
à caç deoc'h gant ar
messager - man,
pehiny eo ma breur,
an dec liur pere à
dléan deoc'h, hag
ho trugarecat o
veza pliget guenec'h
gortos queit - se :
cucus emeus

que je ne les ai pû
envoyer plûtôt :
j'ai toutefois fait
grande diligence,
selon mon pouvoir ;
mais l'argent est
maintenant si mal-
aisé à trouver, que
c'est merveille.

Partant ne soyez pas
mécontant, & me
renvoyez l'obligation
que vous avez
de moi : Non plus.

Je suis vôtre servi-
teur.

n'emeus hallet o
c'haç quent :
coulscoude emeus
gret diligeanç, ervez
ma gallout,
hoguen aû arc'hant
à so breman
quen dibaot,
ma eo marvaill.

Rac se na vezit quet
drouc coûntant, ha
digaçit din an obliga-
tion, oc'heus voar
noûn : Netra quen.

Me so ho servicher
deoc'h.

Autre Lettre

Lizer all.

LAurent, mon
ami, après tou-
tes recommandations,
sçachez que
je suis fort mal con-
tent de vous, à cau-
se que vous ne m'a

LAurans, ma
mignon, goude
pep recommanda-
tion, gouzit
ezoun drouc coun-
tant à hanoc'h, aba-
lamour n'oc'heus

vez pas voulu prêter
vôtre livre.

Je ne puis penser
comme j'ai défervis
envers vous,
maintenant
j'apperçois bien
que vous feriez
bien peu pour moi,
quand vous me refu-
fez fi peu de chofe.

Vos paroles & vos
penfées ne reffemblent
pas bien,
fi vous m'euffiez
demandé des chofes
de plus grande
importance,
je ne les vous euffa
point refufé.

Il eft bien vrai
ce qu'on dit
communément :
On dit toûjours
éprouver fes amis
devant avoir
affaire d'eux ;
car de les éprouver

quet dervezet prefta
din ho liur.

Ne ouffen quet
penaus embe - ên
difervichet diouzoc'h,
breman emeus
aznavezet é rac'h
neubeut à dra
evidoun,
pa em refufit quen
neubeut à dra.

Ho coumpfou hag
ho fongefounou ne
pligeont bar din,
ma ho bife diouzin
goulennet traou
à vraffoc'h
importanç
n'em bife quet
ho refufet.

Guir eo
ar pez à lavaret
communamant :
Bepret à dléer ap-
prouvy ar mignonet
abars cahout
affær outo ;
rac o approuv

en la neceſſité .	en neceſſité ,
ce ſeroit trop tard.	re divezat ye.
Partant , ce m'eſt	Rac - ſe ;
aſſez de vous avoir	ezco aſſez din ho
éprouvé	peza approuvet.
Adieu	Adié.

❋❋❋❋❋❋❋❋❋❋❋ ❋❋❋❋❋❋❋❋❋❋❋

Conventions de loüages   *Ar façon da ober ur*
de maiſon.   *lizer ferm a un ty.*

J E, Jean de Barlai-	**M** E, Ian Barlai-
mont, connois & con-	mont, à ezno hag
feſſe avoir loüé	à coſſes da veza
à Pierre Mareſchal	fermet da Pezr Ma-
une maiſon,	reſchal un ty,
ſitué à Quimper,	ſituet é Kemper,
ſur le marché	voar ar marc'hat,
à l'Enſeigne	en Anſeign ar
du Lievre,	Gat, gant ur
avec une Court,	pors à drécn,
& un Puy,	hag ur punç,
le terme	evit termen
de ſix ans,	c'huec'h bloas,
entrant à Noël	o antren da Nedelec
prochain venant	quenta à deuer
en l'an	bloas daouzec hı
	ſeptante

septante-deux,	tri uguent,
pour dix livres	evit dec livr
dix sols	dec guennec,
par an , à payer	pep bloas , da paeá
chaque demi année	pep anter bloas
cinq livres	pemp livr ,
cinq sols ,	pemp guennec ;
à condition	gant ar gondition
ici divisée ,	diviset aman ,
que chacun	d'ar fin pep hini
de nous	à c'hanomp à vezo
sera tenu renoncer	obliget renonç d'ar
à la fin de six ans ,	fin c'huec'h bloas ,
un demi année devant ,	un anter bloas quent ;
sans aucune fraude.	hep tromplerez er bet.

✱✱✱✱✱✱·✱✱✱✱✱✱ ✱✱✱✱✱✱·✱✱✱✱✱✱

Quittance de loüage
de maison.

Quittanç à ferm
un ty.

JE Iean le Grand , connois & confesse avoir reçû de Pierre Mareschal la somme de cinq livres cinq sols , pour une demie année de loüage de maison ,

ME Yan ar Bras, à ezno hag à coffes beza recevet. digant Pezr Mareschal ar soum à pemp livr ha pemp guennec , evit un anter bloayes à ferm un ty ,

H

écheu à Noël | digouezet da Nedelec
en l'an | er bloas
septante - deux, | daouzec ha tri
qu'il me devoit | uguent, pe re à dlye
pour une maison, | dîn evit un ty,
située à Quimper, | situet é Kemper var
sur le marché à l'En- | ar plaçen é quichen
seigne du Liévre, | Ansaign ar Gat,
qu'il tient sous moi, | pehini à delc'h di-
duquel demi an | danon, pe à ves an-
je me tiens | ter bloas é aznavan
bien payé, | beza paet mat,
& quitte | hag é quittan
ledit Pierre | an lavaret Pezr - man
de celui, | eus an hevelep-man
& de tous autres | hag eus an oll
termes passez juf- | termeniou tremenet
ques à maintenant. | bete breman.
En connoissance | En aznoudeguez
de ce | eus an dra man
j'ai cy-dessous | emeus aman dindan
mis mon seing. | laquet ma sign ma-
Fait à Quimper, | nuel. Gret é Kemper,
le premier jour | er quenta deis
de Janvier. | à Guenver.

OBLIGATION par payement.	*OBLIGATION* dre paeamanchou.

JE,
Jean de Barlai-
mont, demeurant à
Brest, connois &
confesse devoir
à Jean le Borgne,
Marchand, demeu-
rant sur le Quay,
ou au Porteur de
cette, la somme
de trente livres
dix sols,
six deniers,
monnoye de France.
Pour cinq piéces de
draps d'Angleterre,
que j'ay achetez
& reçûs de luy ;
desquels draps
je me tiens
bien content
Partant je promets
de lui payer ladite

ME,
Yan Barle-
mont, à chom é
Brest, à azno hac
à coffes dleout
da Yan ar Borgn,
Marc'hadour, à
chom var ar Quay,
pe d'ar Porter à
heman ar soum,
à tregont livr
dec guennec,
c'huec'h diner,
mouneis â Franç.
Evit pemp pez
mezer Brosaos,
pe re emeus prenet,
ha recevet diganta :
pe à mezer
en ein cavan
countant mat
Rac-se é promettan
paea dezan an

somme ou au por- teur de cette, en trois payemens, à sçavoir, dix livres à la foire de la Pentecôte à Anvers prochaine venante : encore dix livres à la foire Saint Germain, & le reste à la foire froide de Bergües en suivant. En certification de verité, J'ay ici, &c.	hevelep soum, pe dan porter à eman, en teir paëmant ; da gouzout eo, dec livr dar foar Pentecost en Anvers quenta à deu ; ha c'hoas dec livr d'ar foar Sant Germen, hag ar rest d'ar foar yen en Bergues voar lerc'h. En certification à guirionez, emeus aman, &c.

✱✱✱✱✱✱✱✱✱✱✱   ✱✱✱✱✱✱✱✱✱✱✱

OBLIGATION d'argent prêté.   ## *OBLIGATION* arc'hant prestet.

JE, Pierre le Grand demeurant à An- vers, connois & con- fesse devoir à Jean Blancart, ou au por- teur de cette, la som- me de quatre cens li-	ME Pezr ar Bras à chom é An- vers, à ezno hac à coffes dleout da Yan Blancart, pe d'an porter à heman, ar soum à pevar cant

vres, laquelle somme
il m'a prêté par
grande amitié.
Par-tant je promets
de la lui rendre, ou
au Porteur de cette,
quand il lui plaira.
En cette connoissance
j'ay ici, &c.

livr, pehini soum en
deveus prestet din
dre carantez bras.
Rac - se é prometan ho
renta deza, pe d'an
Porter à heman, pa
pligeo ganta.
En aznaoudeguez - se
emeus aman, &c.

QUITTANCE.

JE, Jean Blancart,
demeurant à Bru-
ge, connois & con-
fesse avoir reçû de
Jean le Grand de-
meurant à Anvers,
la somme de dix li-
vres à vingt sols
la piéce que
je lui avois prété,
dequoi j'ay
perdu l'obligation,
laquelle étoit
du dixiéme jour
d'Avril, de l'An

QUITTANS.

ME Ian Blancart
à chom é Bru-
ges, à ezno hac à cof-
fes beza recevet
digant Ian ar Bras,
à chom en Anvers,
ar soum à dec livr,
à uguent guennec
ar pez emboa prestet
dezan, pe eus à hi-
ni e m'eus collet an
obligation, pehini
à yoa scrivet en dec-
vet deis à Ebrel, er
bloas unec ha tri

septante & un : de laquelle somme & de toute autre depte, qu'il m'a été redevable jusques à maintenant, je me tiens bien recompensé, & le quitte de tout. En reconnoissance dequoi j'ay signé ici dessous.

uguent : pe eus à hini soum, hac à bep dle all oll, à quement à dlyé din bete an heur breman, me ezno beza paet ha recompanset mat, hag en quittaân oll. En aznaoudeguez eus ma sin manuel laquet aman didan.

Suscriptions de Lettres.

An Intitulou eus an Lizerou.

DE ces mots l'on usera pour écrire au dos d'une lettre missive, mais il faut prendre garde qu'on attribuë à chaque personne les mots qui lui appartiennent.
Au sage,
Je trés sage,
A l'honnorable,

AN gueriou - man so da veza usitet evit scriva an adressou à lizerou missit : hoguen ret eo lacat evez da attribui da bep den ar gueryou à aparchant outo.
D'ar sçavant,
ar sçavanta,
D'an honorabl,

le très - honorable.   an honorabl.
Au discret,   D'an discret,
le très-discret.   an discreta.
A l'honnête,   D'an honest,
le très - honnête.   an honesta.
Au singulier,   D'an singulier,
le très - singulier.   an singuliera.
Au noble,   D'an nobl,
le très noble.   an nobla.
Au puissant,   D'an puissant,
le très - puissant.   ar puissanta.
A l'Illustre,   D'an illustr,
le très - illustre.   an illustra.

Dialogue plaisant.   *Dialog plesant.*

BOn jour Jean, & à vous Pierre.   **D**Eis mat dec'hIan, ha dec'hu, Peres.

P. Qu'i-a-t-il de nouveau ?   P. Petra so à nevez ?

J. Mauvaises nouvelles.   I. Goal queslou so.

P. Quelles nouvelles le bœuf est-il mort ?   P. Pez queslou, ha maro co an egen ?

J. Beaucoup pis.   I. Cals goas so.

P. Le Cheval est-il mort ?   P. Ha maro co ar marc'h ?

J. Beaucoup pis.   I. Cals goas so.

P. Les Enfans sont-   P. An Bugalé hac y so clàn ?

ils malades ?

J. Beaucoup pis.

P. La femme est-
elle morte ?

J. Encore pis.

P. Qu'y a - t - il
donc frere ?

J. Il est venu de
bon vin noveau sur
le Quay,
mais il est trop cher,
& les pauvres gens
faute d'argent,
ne peuvent pas en
boire, & c'est là mon
grand déplaisir.

FIN.
du premier Livre.

I. Cals goas so.

P. Ar vrec hac
y so maro ?

I. Cals goas so
c'hoas.

P. Petra so eta,
breur ?

I. Deuet eus guin
mat nevez voar ar
Quay, hoguen re
quer co, hac an dut
paour, é faut à
arc'hant, ne hel-
lont quet efva,
hac é hennes ma
brasſa glac'har.

FIN.
ar quenta Leor.

PROLOGVE du second Livre,

A Près
avoir vû
au premier Livre
les moyens
pour apprendre
à parler François &
Breton ,
par plusieurs
propos commus
servans comme
d'exemplaire :
Maintenant vous
verrez dans ce second
Livre plusieurs
mots vulguaires ,
reduits
par ordre
de l'Alphabet ,
comme matiere ,
pour former
de vous même
d'autres propos.
Parquoi quand vous

PROLOG E VEVS an eil Leor.

G Oudé
beza guelet
en quenta Leor
an fæçon
evit coumps
Gallec ha
Brezonnec ,
dre cals à
proposou commun
ho servicha evel
exemplou :
Breman é clevet
ebars en eil Leor
cals à compsou
commun ,
lequeat
dre urz
an Alphabet ,
evel matier
da furmi
ac'hanoc'h oc'h-unan
proposou all.
Rac-se pa falfe

voudrez traduire	dec'h tranſlaty
quelques propos	ur propos bennac
dé François	à Gallec
en Breton,	en Brezonnec,
n'avez autre choſe	no pezo quen tra
à faire	da ober
que conſiderer	nemet conſideri
par quelle lettre	pe dre lizeren
commence	é commanço
le mot	ar guer
que voudrez trou-	pehini à cleſ-
ver,	quet,
puis après le cher-	goudé - ſe é claſq
cher de mot à mot :	à guer en guer ;
Et quand vous	Ha pa ho pezo
aurez trouvé	caffet
leſdits mots,	ar gueryou - ſe,
les pourrez aſſem-	é c'hellot ho aſſam-
bler, & mettre	bly,
par ordre comme	hac o lacaat die urz
vous avez vû au	evel ma oc'h eus guelet
premier livre.	en leor quenta.
Mais pour	Hoguen evit
les bien aſſembler	o aſſambli ervat, é
il vous ſera neceſſaire,	vezo neceſſer dec'h,
ſçavoir	gozout
la maniere	ar fæçon
de varier les verbes	da ſeinch ar verbou

en plusieurs temps,	dre divers amseryou,
& personnes :	ha personyou :
à sçavoir :	da gouzout co:
conjugaisons,	dre conjuguesonou,
lesquelles,	peré
pour vôtre profit,	evit ho profit
mettons en lumiere	à lequeomp en goulou
en deux langues.	en daou langaich.
Adieu.	Adie.

A

ABandonner, délaisser	**A**Bandouni, dilesel
Abaisser	yselhat
Abstenir	abstina
Abayer	crial
A Bruges	da Bruges
Accoller	ambrassi
Accommoder	accommodi
accoûtumer	accoustumi
accroire	da credi
acheter	prena
acquerir	acquisita
adjourner	ajourna, provoca
adorer	adori
adouci	douccat

avantage	avantaig
avenir	donet
à eux	dezo
à faire	da ober
agenoüiller	daouglina
agraffe	bouel-croc , baç
agneau	oen
aigu	lem
ainſi	evelhen
allaiter	leza
aller	monet
aloſe	alouſe
allumer	allumi
amener	caç
à manger	da dibri
amy	mignoun
amiable	amiabl
amiablement	amiablamant
à midy	creſ - deis
amitié	amiabledet
amolir	gouacaat
amour	carantez
an ou année	bloas pe bloavez
aneantir	neanta
Angleterre	Broſaos
Anglois	Saos
année	houat
annoncer	anonçi

appaiser	appesi
appareiller	appareilla
apartenir	apparchanta
appeller	guervel
apporter	digaç
apprendre	disqui
apprivoiser	doagat
apprivoisé	dochat
approcher	tostahat
à qui cela ?	da piou co hounes ?
à quoy	pe da fin
armer	arma
Armurier	Armurier
arondelle	guimmily
arrouser	arrousi
assembler	assambli
assieger	assiegea
assurer	assurat
asne, asnesse	asen, asennes
attendre	gortos
à tout quoy	pe da dra
avarice	avariç
avaricieux	avaricius
avancer	avanci
aucun	unan bennac
aucunefois	agueziou
aucunes	un den bennac
aviser	avisa

avoir	cahout
avoir pitié	cahout truez
avoir foin	fourcial
avoir fommeil	defira coufquet
autre	un all
au Vêpre	da goufperou

***************** *****************

B

BAigné | **G**Libya
baptifer | badezi
bas | yfell
bafton | baz
battre | fquei dorni
beau | caër
beauté | quenet
bellement | coüant
benir | binizien
bercer | lufquet
bien | mat
matin , bon matin | mintin , mintin mat
blanc | guen
blanchir | guenna
bled | eth
blefler | blefla
boire | eva
boiteux | cam

bon	mat
bonté	madelez
boucherie	quiqueres
boüillir	birvi
boutique	boutiel
brebis	denver
brider	brida
faire broüillars	broüillard
broche	ber

✳✳✳✳✳✳·✳✳✳✳✳✳ ✳✳✳✳✳✳·✳✳✳✳✳✳

C   C

CAchet caille	**C**Uzbet coaill
Calice	Calizr
canelle	cannell
caqueter	caqueta
Cardinal	Cardinall
caresser	manea douçamant
carreau	quarre
car	bace
cave	c'hav
ceindre	guerifa
cellier	celier
cent	cant
cerises	querefen
chair dure	quic ealet

chambre	c'hambr
chandelle	goulaouen
changer	faing
Chanoine	Chalouny
chanter	quiniat, cana
Chapitre	Chabiſtr
Chapellain	Chapalan
Chapelle	Chapel
charger	carga
chaſſer hors	chaſſeall
chaſſe	hemolc'h
chaſſeur	gumbec
chaſtier	caſtiſſa
chaudeau	aualamant
chauffer	toma
chauſſons	couſſignounou
chauſſes	lezrou
cheval	marc'h
chevaucher	marc'heguez
cheveux	bleau
chiche	ſich
chicheté	pezouni
choiſir	choaſa
cygne	cyng
cinq	pemp
cinquante	antercant
cire	coar
Cité	Cité, Guer

clocher

clocher	camma
cloche	cloc'h
clou	tach
cloüer	tacha
coller	colla
commander	commandi
commencer	commanç
comment être	penaos co
commun	commun
comparer	comparachi
competer	goulen en memes tra
complaire	pligeout
compter	counta
concevoir	conceva
confesser	coffes
conforter	conforti
connoître	aznaout
conquerir	heul
conseiller	rei cusul
consentir	consanti
constance	fermder
constant	constant, ferm
contie	enep
convoyer	convia, monet assam-
cordonnier	quere · bles
corriger	corrigea
coudée	quivilnat
coudre	gryat

I

couleuvre	aezer
courir	reder
courroucé	buaneguez
être courroucé	buanegat,
courtier	courtier, depoſiter
courtoiſie	courteſi
courtois	courtes
coûter	couſta
coûteau	countel
coûturier	quemener
couctil	golc'het
couvrir	golei
cracher	cranchae
crever	brammat, freeſa, trou-
creu	cleus, ſal
crier	crial
cueiller	loa
cueillir	cutuil
cuider	iſtimout
cuiſinier	quiguiner
cuire	poazat

***************   ***************

D   D

DAnſer	**D**Anſall
d'bonnaire	debouner
deceindre	digouriſa

declarer	discleria
decoller	dispenna
défaire	disober
défendre	diffen
defiér	paca an oll
degré	degré
dehors	ermeas
demander	goulen
demener	digaç
demeurer	chom
demy	anter
de nuit	en nos
dens	dent
depuis hier	à ba voue deac'h
descendre	disquen
décharger	discarga
déchirer	ruocgea
déclouër	ditacha
découvrir	disolo
desheriter	deserita
desir	cheant, desir
desirer	desira
déjeuner	dijuni
dépendre	dispign
dérober	diroba
dévêtir	divisqua
détacher	distagua
détrouper	divandenna

détruire	diftrugea
devant vous	dirazoc'h
devenir obf-	revelhat
devoir (cur	dleout
Dimanche	Difful
diligence	diligeanç
diligent	diligeant
difner	leina
diftiler	diftila
dix	dec
donner	rei
dorer	alaouri
dormir	coufquer
doucement	douçamant
doux	douç
douze	daouzec
drap	mezer
drap épais	mezer teo
dreffer	dreffa
du	à ves
Duc	Duc, Capitan
Ducheffe	Duches
dur	calet
durer	padout
dureté	caleder

✶✶✶✶·✶✶✶   ✶✶✶✶✶✶✶·✶✶✶✶✶

E   E

EAu édifier	DOur edifia
Eglise	Ilis
elle	houma
emballer	tortilla , daſtum
Empereur	Impalaëzr
empirer	gouaſſat
emplir	carga
employer	impligea
empoigner	ampoigni
emprunter	ampreſti
en	ebars
encre	Iyou
endurer	anduri
enfanter	guenel
enfler	auſtif , coüenva
enfondrer	affoundri
engeler	angeli
enquerir	encaſp
enrager	arragi
entamer	entemmi
entendre	entener
enterrer	ſebelya , enterri
entonnoir	trezer

entreprendre	antrepreni
envie	avy
envieux	avieus
environner	anvirouni
envoyer	caç
échapper	achap
échasse	flachou
Eschevin	Eschevin
échelle	scueul
écolle	schol
écouter	clevez
écouteur	chelaouer
menusier	munuser
écritoire	scrytolyou
Ecrivain	Scriffanier
écumer	eonnenva
égarer	en em égara
éguillette	acuilleten
éguille	un nados
éguiere	éguer
éguiser	lemma
épargner	espern
épaule	scoaz
épeller	degueich
esperer	esperi
épié	espia
épaisseur	teoder
étable	craou

étain	stean
éternuer	streyva
étoupoir	stouffa
étoupe	stoup
étrangler	étrangli
étrain , paille	colo , plous
être	beza
éteindre	starda
essayer , éprou-	essa , approuvi
essuyer ver	sec'ha
éveiller	dyuna

✷✷✷✷✷✷ ✷✷   ✷✷✷✷✷✷✷✷

F   F

FAcherie	**F**Ascha
façon	façon
faire apparoir	discuez
faire bruit	ober trous
faire entendre	rei da entent
faire sçavoir	rei da gouzout
faillir	fazi
faire	ober
faim	naoun
fange	fanc
fardeau	fardel
faute	fazi
femme	gruec

femme de bien	gruec mat
femme jolie	gruec coant
femme grande	gruec bras
femme petite	gruec bihan
fendre	faouta
fenêtre	preneſtr
fenoüil	fanoüil
fiancer	dimezi
fiier	fiſia
filet	neza
fin	fin
fineſſe	fineſſa
finir	finiſſa
fleurir	fleuriſſa
foible	fal, debil, ſempl
foibleſſe	ſilvidiguez
fol	fol, diſquient
folie, ſotiſe	follentez, ſottis
follement	foïlamant
fondre	teuzi
forſe	nerz
forme	furm
forfaire	drouc ober
fort	cre
forcer	força
fourage	fourraich
fraiſes	freſennou
freſne	ounen

friandise	friantis
frire	fricas
froid	yen
front	tall
frotter	frota
fruit	froües

❀❀❀❀·❀❀❀❀ ❀❀❀❀·❀❀❀❀

G *G*

GAigner gaigne	**G**Ounit couchin
galler	calla
galleux	galus
gaster	corrumpi, squilla
geler	reui
germer	quicna
glace	scorn, scla
gland	mezen
gorge	gouzouc
gouverner	goüarn
guerir	yac'hat
guerroyer	brezelegat
grandeur	brasder
grenoüille	ran
grêler	grisilla
groiselles	groselles
grosse femme	gruec teo

H	**H**
H Abiller	**H** Abilla , aufa
habillo	habil
hair	caſſaat
hardy	hardiz
hardieſſe	hardizdet
hardiment	hardizent
hauteur	uhelder
heriter	herita
heure	heur
heurter	heurta
homme gros	den teo
homme de bien	den honeſt
homme court	den ber
homme joli	den coant
homme petit	den bihan
homme grand	den bras
honteux	mezer
hôte	hoſtis
hôteſſe	hoſtiſes
hyver	gouan

I	**I**
J Ambon	**J** Amboun
Janvier	Guenver
jetter	ſtrinca

jeune	yaouanc
jeuneſſe	yaouanctis
jeuſner	yun
jeu	hoari
il eſt ici	hema aman
Imperatrice	Impalaëzres
Imprimer	Imprima
incontinent	breman
inviter	invita
invoquer	invoqui
joye	joa
joyeux	joaus
joindre	aſſambli
joüer	hoari
joüer au dez	hoari an dinçou
joüer aux cartes	hoari an cartou
joües	diou chot
jour	deiz
journellement	bemdeiz
juger, condamner	barn, condaoni
Juif	Juzeau
Juin	Mezeven
juſques	bete

***************** *****************

L	*L*
LAbourer	**L**Abourat
laid	diffeçoun

laiffer	lefell
l'ame	ené
langue	teaut
las	feuiz
laffitude	feuifder
laffer	feuifa
la peau	an croc'hen
laver	goualc'hi
l'autre	eguile
leçon	quentell
le feu	an tan
leger	fcaon
les morts	an re maro
lequel	pehini
lever	fevell
lever haut	fevell uhell
liberalité	largentez
liberal	liberal
lier	heren
limaffon	melven
linceuls	lincelyou
livrer	livra
loger	logea
loyal	fidel
loyauté	fidelité
loing	pell
long	hir
loüer	meuli

loup	bleiz
luy	ên
luyre	fclerra
Lundy	Dilun

✳✳✳✳✳✳✳✳ ✳✳✳✳✳✳✳✳

M

M

MAy	**M**Ae
marée	marr
malade	clan
maladie	clenvet
malice	maliç
manifefter	manifefti
mander	gourc'hemen
manteau	mantell
maigre	treut
marcher	querzat
marche - pied	marchepié
marchand	marc'hadour
marchandife	marc'hadoures
marier	dimizi
marefchal	marefchal
mariage	priedelez
marinier	den à vour
Mars	Meurs
maffon	maçon
maffoner	maçonat

mauvais	drouc
mauvaisement	dre drouc
manger	dibri
medeciner	medecina
mener	caç
Menétrier	C'hoarier
menton	grouinch
menace	gourdous
mentir	lavaret gaou
Mercredy	demerc'her
merveille	marvaill
merveilleux	marvaillus
mefaire	dilefell
même	memes
mesurer	mesuri
mêler	mefqui
miroir	mellezour
mocquer	ober goap
moitié	an anter
móyen	mediocr
moy	me
moifir	loüeda
mol	gouac
monter	pignat
mon , ma	din , ma hini
monnoye	mouncis
mettre en ordre	lacquat en urz
merveileufemét	marvaillufamát

Monoyeur	Mounezier
monter	difcucuz
montée	deres
mort	maro
morveux	mec'hyer
mordre	cregui
moudre	mala
moüiller	glibia
mourir	mervell
moucher	c'huefa an fri
moulin à vent	milin avel
moulin à eau	milin dour
muet	mut
murmurer	murmura

✾✾✾✾✾✾✾✾✾✾✾   ✾✾✾✾✾✾✾✾✾✾✾

N   N

NAvire	**L**Eftr
neige	erc'h
nenny, non pas	falocras, non pas
n'étoit pas là	ne voa quet andrafe
net	pur, nea
nettement	nettamant
nettoyer	netahat
noble	nobl
nobleffe	noblanç
noyer	beuzi

noir	du
nom	hano
nombril	beguel
nommer	hanvell
non est	n'en deo quet
noüer	coulma
nous	ny
nouveau	nevez
nud	noas
nuëe	couabr
nuit	nos
nul	nicun
nourir	mesur
nourrice	magueres

O

Octante	Evaru-
œuf	guent vy
offencer	offanci
oindre	oienamanti
oiseau	ezn, labouç
oiselet	labousic
ongle	yvin
ord	hudur
ordement	hudunez
orgueil	orgouil
	orgueilleux

orgueilleux	orgouaillus
oſer	hardizhat
ôter	lammet lemel
oublier	ancounec'hat
où	pelec'h
où allez- vous ?	pe da lec'h it - hu ?
oüir	chelaou
ouvrir	digueri

✶✶✶✶✶·✶✶✶✶✶ | ✶✶✶✶✶·✶✶✶✶✶

P | P

PAin dur	BAra caleɩ
pair	egal
paître	peuri
paix	peoc'h
Pape	Pap
papier	paper
par ici	dre aman
pardonner	pardouni
parenté	querent
pareſſe	diegui
par là	dre aſe
parer	orni
parler	prezec
pareſſeux	diegus
partir	partial
paſſer outre	tremen ebiou

K

pâture	pasquadur
Pâques	Pasq
pâté	pastez
patroüiller	countrolia
paver	pavea
pauvreté	paourentez
peché	pec'het
pecher	pec'hi
peigne	crib
peigner	cribat
peindre	peinta
peller	diblusqua
pendre	crouga
penser	soungea
pere	tat
percer	toulla
permetter	permetti
presant	pouner
pesanteur	pouneder
pescher	pesqueta
peser	poesa
pierre	mean
pie	pic
pied	troad
piece	pez
pied sente	gueznodit
piller	pillat
pincer	pinçat

piffer	ftaotet
plaindre	clem
plaifir	pligeadur
plaider	plaidi
place	leac'h
planter	planta
plat	plat
plein	leun
pleinement	ezleun
pleurer	goûcla
ployer	plega
point rien	netra
poiffon	pefq
porter bas	douguen ifel
porée	pour
porter	douguen
pofer	pofi
poudre	pouldr
poulle	yar
promener	pourmeni
pourquoi	perac
pauvre	paour
pourceau	houc'h
pour combien	evit peguement
pour quelque caufe	evit un dra bennac
Pourpoint	pourpoent
Pouffer	poulfa , pouls
Pourrir	breyna

précieux	precius
prendre gardé	laquat evez
presenter	presanti
prévoir	guelet dirac
prêcher	farmonet
prier	pidi
priser	prisa
priseur	priser
prison	prisoun
profond	profond
profondeur	profondité
prononcer	prononci
promettre	prometti
prosperer	prosperi
puanteur	fler
publier	publia
puce	c'houanen
püer	fleria
puiser	punça
punir	puniss'a
purger	purgea
Purgatoire	Pulgator

✳✳✳✳✳✳✳✳   ✳✳✳✳✳✳✳✳

Q^uand   P^{eur}

quarante   daou uguent

quartier   quarter

quatre	pevar
quarré	quarre
que	petra
queuë	loſt
quelle choſe ?	pebez tra
quenoüille	queiguel
querir	claſq
qui	piou
quinze	pemzec
quittance	quittanç
quitter	quitta
quotidien	pemdeziec
quoi	petra

✳✳✳✳✳✳✳✳✳✳✳✳✳✳ **✳✳✳✳✳✳✳✳✳✳✳✳✳✳**

R   R

RAcine	**G**Rizien
raſer	raſa
ramer	rouenvat
recevoir	recco
recuëillir	daſtum
recommander	recommandi
recioner	merenna
rechigner	rechigna
refaire	ober adarre
refuſer	refus
regarder	ſellet

regner	regna
rendre	renta
rencontrer	rancontri
remuer	remuy
reprocher	reproch
repentir	caout cueus
reposer	repos
reprendre	cōmer adare
ressuer	huezcal
répendre	scuilla
resister	resista
rester	chom
répondre	respont
retenir	derc'hel
richesses	pinvidiguez
richement	opulent
rire	choarzin
robe	sea
Roy	Roué
Reine	Rouancz
roide	start
roidement	reudamant
rompre	torri
rossignol	causti
rougit	ruzia
ruë	ru

S

SAblon	GRoüan
ſac	ſac'h
ſaffran	ſaffron
ſagement	dre prudanç
ſage	für, goiziec
ſageſſe	gouzieguez
ſain	yac'h
ſaint	ſant
ſalade	ſaladen
ſalle	ſall
ſaler	ſalla
ſalliere	ſalinet
ſaluer	ſaludi
Samedy	Deſſadorn
ſans vous	hep oc'h hu
ſauciſſe	ſilſic
ſavourer	tāva, ſavouri
ſauter	lammet
ſaumon	ſaomon
ſauvage	ſavaich
ſçavoir	gouzout
ſcience	ſquient
ſceau	ſeill
Sacriſtain	Sacriſt

Seigneur	Autrou, Gouverneur
seigner	goada
sceller	siela
sel	olen, halon
selle	dibr
semer	hada
semblant	seblant
semence	had
sembler	henvelout
se mirer	en em sellet
Semaine	Syzun
sentir	c'huezat
serviette	serviet
serrurier	alc'huezer
servir	servicha
sier	esquenat
si est	co sur certen
siege	c'hador
signer	sina
signe	mounie
succer	suna
soigneux	sourcy
soins	soignus
Soleil	Eaul
songer	songeal
sonner	soun
son, sa, son	he, é, hini
soufler	c'hueza

soupirer	soupira
sourd	bouzar
sucre	sucr
suivre	heul
sur , aigre	trenc
soûmettre	laquat à ydan

T

Table	Aol
tacher	souilla
tainturier	liver
tailler	tailla
taire	tevel
taille	coat taill
tarte	tartefen
tâter , manier	taftouna , mania
teindre	liva
tempes	tampou
temps	amfer
tendre	gouac
tenailles	turques
tenir gravité	derc'hel gravité
tencer , quereller	fcandala , querelli
terme	termen
terre	douar
témoigner	teftifia

tête	pen
tifferan	guiader
tirer	tenna
tirer hors	tenna er meas
tiftre	guea
ton, ta, tes	ho, da
tonnelier	touneller
tonner	curun
tordre	nerz, viguiden
torche	torch
toucher	toucha
tour	tour
toupier, tourner	trei
tourbes	banden
tourment	tourmant
toûjours	bepret
touffir	paffat
toute la journée	é pat an deis
Tout - puiffant	Oll - galloudec
tramer	trama
travailler	labourat
trembler	crena
trencher	troc'ha
trenchoir	tranchouer
tres bon	re - mat
trier	tria
trifte	trift
triftement	triftamant

tromper	trompla
trop	re
troubler	troubli
tu , toy te	te , di , de
tuyles	teolennou

V

VAillant	VAillant
vaillantise	vaillantis
vaillamment	vaillamant
vain	neant , væn
vaine gloire	gloar væn
vaincre	fefi
vanité	vanité
vanter	en em vanti
variable	variabl
veuve	intanves
veiller	dihuna
velours	voulous
venger	vengea
venter	guentac'h , aveli
vent	avel
venir	donnet
Vendredy	Derguener
vers	preon

verſer	dinaoui
vêtir	guiſqua
vif argent	vif argant
vigne	guymen
vilainie	vileny
vingt	uguent
vin	guin
viſiter	viſita
vivre	beva
unir	plenabat
voilà	chetu aſe
voyage	beach
voicy	chetu aman
voir	guelet
voix	moüez

F I N.

S'ENSVIVENT QVELQVES
Conjugaifons.

La Conjugaifon du Verbe *Avoir.*

L'Indicatif.

J'Ay,   tu as,   il à
Me ameus,   te eus,   ên endeus.
Nous avons,   vous avez,   ils ont
Ny hon eus,   c'huy oc'heus,   int odeus.

J'avois,   tu avois,   il avoit,
Me emboa,   te à boa,   ên   endevoa
Nous avions,   vous aviez, ils avoient
Ny horboa,   c'huy horboa, int o devoa.

J'ay eu,   tu as eu,   il a eu
Me ameus bet,   te à eus bet,   ên endeus bet.
Nous avons eu,   vous avez eu,   ils ont eu,
Ni ondeus bet, c'hui oc'heus bet, int odeus bet.

J'aurai,   tu auras,   il aura,
Me ambezo,   te à bezo,   ên endevezo
Nous aurons,   vous aurez,   ils auront
Ny hor bezo,   c'hui ho bezo,   int o devezo.

L'Imperatif.

Ayes, qu'il ait. Te da vezet, ên en devezet.
Ayons,   ayez,   qu'ils ayent

Ny hon bet, c'hui ho bet, int o devezent.
L'Optatif.

O si j'eusse, ô si tu eusses, ô s'ils eût,
A youll embe, te à be, ên en deffe.
O si nous eussions, si vous eussiez, s'ils eussent
A youll, ni horbe, c'hui o pe, int o deve.
J'aurois,   tu aurois,   il auroit,
A youll me am bise, te à pise, ên endevise.
Nous aurions, vous auriez, ils auroient,
A youll ni hor bise, c'hui o pise, int odevise.
Le Subjonctif.

Dieu veüille que j'aye, que tu ayes, qu'il ait,
Pliget gat Doué ra ambe, ra ez pe, ra endeve.
Que nous ayons, que vous ayez, qu'ils ayent,
Ra horbe, ra ho pe, ro o deve.
En cas que j'aye, que tu ayes, qu'il ait,
Mar em bez, mar ez pe, mar en deve.
Que nous ayons, que vous ayez, qu'ils ayent,
Mar hor bez, mar oz pe, mar o deve.
L'Infinitif.

Pour avoir, d'avoir, ayant,
Evit cahout, da cahout, o cahout.

La Conjugaison du Verbe Etre.

Je suis, tu es, il est : Me so, te so, ên so.
Nous sommes, vous étes, ils sont,
Ny so,   c'hui so,   int so.

J'étois,   tu étois,   il étoit,
Me à oue, te à oue,   ên à oue.
Nous étions, vous étiez, ils étoient,
Ny à oue,   c'hui à oue, int à oue.

    J'ay été, tu as été, il à été,
Me so bet, te so bet,   ên so bet.
Nous avons été, vous avez été, ils ont été,
Ny so bet,   c'hui so bet,   int so bet.

    Je serai, tu seras, il sera,
Me à vezo, te à vezo, ên à vezo.
Nous serons, vous serez, ils seront,
Ny à vezo, c'hui à vezo, int à vezo.

L'Imperatif.

    Sois, qu'il soit : Te bez, ên bezet.
Soyons,   soyez,   qu'ils soient
Ny bezemp, c'hui bezet, int bezent.

L'Optatif.

    Que je sois, que tu sois, qu'ils soit,
A youll é ven, é vez,   é ve.
Que nous soyons, que vous soyez, qu'ils soient
A youll é vemp, é vec'h,   é vent

    Si je fusse, si tu fusses, il fût,
A youll é visen, é vises,   é vise.
Si nous fussions, si vous fussiez, s'ils fussent,
A youll é visemp, é visec'h,   é visent.

Le Subjonctif.

Veu que je suis, que tu fois, qu'il foit,
Pa veu,   pa vez,   pa ve.
Que nous foyons que vous foyez, qu'ils foient
Pa vifemp, .   pa vifec'h ,   pa vifent.

    Combien que je fois , que tu fois , qu'il foit ,
Pa vifen ,   pa vifes, pa vife.
Que nous foyons , que vous foyez , qu'ils foient
Pa vifemp,   pa vifec'h ,   pa vifent.

L'Infinitif.

Eftre, avoir été, étant : Beza, beza bet, o veza.

✳✳✳✳✳✳✳✳✳✳✳✳✳✳✳✳✳✳✳✳✳✳✳✳✳✳✳✳

DE LA PONCTUATION

Combien que toutes les langues ayent par-
ticulierement leurs differences à parler &
écrire , elles n'ont pourtant qu'une ponctuation,
il y en a de fix fortes , comme il s'enfuit

i.	,	Incifum.
ii.	:	Comma.
iii.	,	Ponctum.
iv.	?	Interrogant.
v.	!	Admiratif.
vi.	( )	Parenthefes.

Le premier caractere eft apellé *Incifum*, ou
Semi circulus, en François, virgule & en Breton virgule ou virgulen, & il fert pour fepa-
rer les mots & fimples fentences d'une matiere.
                                Le fecond

Le second est appellé *Comma*, tant par les Grecs que Latins, & en Breton, daou poent: il sert à separer & fermer les sentences d'une matiere.

Le troisiéme est appellé par les Grecs, *Colon*, en Latin, *Punctum*, en François point rond, & en Breton, poent parfæt, démontrant la fin d'une periode ou matiere.

Le quatriéme est nommé par les Latins, *Interrogans*, par les François, Interrogant, & aussi par les Bretons : il se met à la fin d'une sentence pour Interrogation en demandant.

La cinquiéme differe peu du quar en figure, pourtant il n'est dit Interrogant ; mais Admiratif, servant d'admiratif.

Le sixiéme est nommé Parenthese, & sert à fermer une sentence, laquelle on peut lire hors de la matiere.

DES ACCENS.

Accent est un point mis sur les lettres servans à la prononciation, pour servir de difference, comme par exemple, entre vexé & vexe, blessé & blesse, & est appellé accent aigu.

L'accent grave est marqué en cette façon, par

exemple, en ce mot où, qui eſt en Latin *ubi,*
& en Breton pe é lec'h : au regard de ou, qui
eſt en Latin *vel,* & en Breton, pe

L'Apoſtrophe eſt un accent, lequel ſignifie
défaillance de quelque voyelle & aſſemblement
de mots, comme d'honorable, d'autrui, qu'eux,
pour de honorable, de autrui, que eux, & autres ſemblables, tant en François qu'en Breton,
ſe peuvent faire

DE LA PRONONCIATION
FRANÇOISE.

A Y ou ai diphtongue ſe prononce comme
æ, Exemple, Raiſon en toute ſaiſon fait
maiſon.

Oy ou oi diphtongue œ. Exemple, Poiſſon
fait poiſon

Eo, ea, ei, ici, eu, oe, oei, eau, o
oeu, yeu, eai, euy, ſe prononcent legerement
& ſans poſe : comme ſçoir, voir Georges, beau
dea, voille, ſeille, vieilleſſe Seigneur crain-
dre, veu, beu, cœur, ſœur, œil, coudre
œuf, bœuf, cieux, vieux, mangeailles, dueil
ſueil, foüiller, roüiller, &c.

Des Lettres Alphabetiques & de la diverfité de leurs fons.

B. final eft mute, comme cromb, plomb; lefquels mots & femblables prononcerez comme cron & Plon

Prononciations équipolentes & équivalantes

cha xa fcia sha	chardon.
che xe fcie she	cheval.
chi xi fci shi	chiche
cho xo fcio sho	choc.
chu xu fciu shu	chut.

Ca, co, cu, convient en fon & prononciation avec le Latin, Italien, Efpagnol, Allemand, Flamand & Anglois, comme démontre ce mot Cacocubinaire.

Ca, co, convient feulement avec l'Efpagnol ou Morifque, comme venez çà François, maçon, payez vôtre rançon.

Ce, ci, fe prononcent comme fe, *fi*, Latin Exemple, certain, citoyen, *certus civis.*

Sca, fco, fcu, convient à la prononciation Latine. Italienne, Efpagnole & Flamande, comme fcabelle, fcorpion.

Sca, fce, fci, comme ffa, ffe, ffi. Exemple, fçavant, fceptre, fcience.

D, final, tant és polyfillabes, que monofilla-

bes eſt ſouvent mute , comme Normand , nud ;
nid ; & ſi aprés ladite lettre d , ſuit une voyelle , vous la prononcerez comme t. Exemple :
quand Etienne Allemand arriva , il trouva le
grand Edoüard.

Notez que ad au commencement d'une diction
& precedant une conſone , ne ſe prononce le
plus ſouvent que pour à , comme Admiral , Ad-
vocat , advenir , dont pour telle ſuperfluité , il
ſemble à pluſieurs que devroit ſuffire d'écrire
Amiral , Avocat , avenir.

E , a divers ſons , comme fenêtre , quaſiæ.
Porté , maſculin. Porté , feminin. Portée , créc.

F , eſt à la fois ſpecialement és monoſillabes,
ſemimute , ou mute comme œuf , bœuf , clef.

G , ſuivant a , o , u , convient en prononciation avec le Latin , Italien , Eſpagnol , Allemand , Flamand , Anglois. Exemple Gargan-
tuas , Goliat , Guſman , &c.

Ledit G accompagné d'un e , ou i , ſonne
comme je , ji. Exemple , gemeau , giron , gilles.

G ſuivant ua , ue , ui , ſe prononce le plus ſouvent comme ga , ge , gi , excepté en ces dictions
ſuivantes guaſter , guay , guy , guiſe , &c.

Gna , gne , gni , gno , imitte à la fois la prononciation Italienne , comme poignart , compagnie , trongne , roignon , &c.

Mais à cauſe qu'il heſite en aucunes dictions ,

comme en digne , ſigne , & aucunes autres , pluſieurs Autheurs modernes ne l'écrivent , où il
n'eſt prononcé , ainſi ſeulement pour digne , di-
ne , ſigne , ſine.

H , aſpiration , ſe doit prononcer en François
hache , reverberant le ſon ; car qui le voudroit
apeller hau, mot Germanique, ſeroit digne d'être
apellé Maitre Valerien & corromproit avec la
lettre , ſillabes , mots & dictions.

Notez que la ſuſdite lettre H , reverbere la
voyelle ſuivante ſeulement és noms propres &
dictions n'ayans ſource du Latin , comme Her-
man , Hernaud , Hercules , Henry , hoqueron ,
houder , halllons , &c.

I , à divers ſons , ſçavoir , i Latin , y Græc ,
j long , ii double , conſone. Exemple. Il y a
douze ans que Irus eſt ſans argent.

L , double entre i & e eſt conforme en ſon à
all , lle , lli , llu , Eſpagnol , ce qui eſt aſſez
malaiſé aux Allemans & Anglois à prononcer
pour telle graſſeur. Exemple , baille , caille ,
paille , taille , coquille , corbeille , ſcille.
Exception. Ville , village , domicille , mille.

M , ayant precedente & conjointe à une ſillabe , ſe prononce comme am. Exemple. embu-
ter , & icelle m , finale ou precedente b ou p ,
ſe prononce comme n : comme embaumer , em-
borgner , nom , renom , &c.

N , aprés e , ou conjointe à icelui , se prononce comme an. Exemple : entendement , certainement , enseignement , &c.

P , est mute étant final : comme loup champ.

S , X , Z , finales ont un même ton , comme,
mois , joyeux , fraiz.

S , entre deux voyelles se prononce comme z ,
ase , ese , ise , ose , use. Exemple : vase , Dio-
cese , Eglise , chose , Ecluse , &c.

S , double differe grandément en son de la
simple , comme aussi font toutes autres simples
entre les doubles , & encore que plusieurs mal
stilez en fassent peu de difference , si est ce que
ne suivrons leur opinion , ainsi nous exhorterons
la jeunesse à prendre garde à l'ortographe , &
vraye prononciation , se gardant bien d'écorcher
les mots , comme gros pour grosse , bel pour
belle , quel pour quelle , sot pour sotte , *nec
visce versa.*

T final és dictions polysillabes est mute , comme vertueusement , soigneusement ; aux mono-
silabes non , comme net , fait , guer.

Notez que devant ion se prononce comme c :
Exemple , Imagination , declamation : excepté
aux mots ayans s avant t , comme bastion.

V simple a deux divers sons ; car quand il est
voyelle , il se doit marquer ü , à celle fin d'avoir
meilleure intelligence de plusieurs vocales équi-

voques, & autres pour donner aider à la jeunesse., comme foüillon, boüillon, &c.

Le François n'ufe guerres de double v, fi ce
n'eft en ces vocales fuivantes, vvider, vulgaire.

****

DE LA PRONONCIATION
Bretonne.

POur les diphtongues æ, diphtongues fe prononce comme e fimple, oraifon, conjugai-
fon. Les Bretons n'ufent gueres de la Diphtongue œ ; par fois fe trouve, mais rarement,
comme œfif

Au convient à la prononciation Françoife
Bretonne, comme Autrou, & autre. Quand une
voyelle enfuit aprés au, alors v fera confonante.
Exemple : avali, avela, avifa, &c.

Eu, convient avec les François & Bretons :
comme beuzi. Mais quand une voyelle vient
aprés u, elle fera faite confonante, comme aux
diphtongues. Exemple ; levenez, livirit, &
quand un y grec enfuit aprés u, elle fera faite le
plus fouvent voyelle, comme en ces exemples,
reuyat, leuyat.

Des Lettres Alphabetiques & de leurs fons.

B à la fin du mot fe prononce comme en ce

mot, Moab. Notez que b au commencement
d'une diction & precedente une consonne, ne se
prononce le plus souvent que pour la voyelle
auparavant. Exemple, sudiacr, aulieu de sub-
diacr ; & semble qu'il devroit suffire d'écrire sudiacr, sustanç, &c.

C. a divers sons, comme cy-dessous.

Prononciations équipolentes.

cha xe scia chantal.
che xe sce chede.
chi xi sci chilpat.
cho xo scio choasa.

Le ç convient avec le ç François Espagnol ou
Morisque ; Mais les Bretons, si ce n'est la fin du
mot, mettent aprés ç un simple c. Exemple :
mançoun, Frances, rançoun, &c.

C final convient avec le Latin & François,
comme Franc, quic.

Sca, sco, scu convient à la prononciation
Latine, Françoise, Italienne, Espagnolle &
Flamande. Exemple : scabel, &c.

D final est toûjours prononcé comme, gad, tad.

Notez que ad au commencement du mot &
precedant une consone ne se prononce le plus
souvent que pour a, comme les François. Exéple :
Admiral, avertissa, dont semble à plusiuurs que
devroit suffire d'écrire Amiral, avertissa, &c.

Mais si aprés d ensuit une voyelle, alors d sera
prononcé, Adam, adarré, &c.

G final eſt prononcé le plus ſouvent comme gig.

G ſuivant a , o , ou , u , convient à la prononciation Françoiſe , Latine , Italienne , Eſpagnole. Exemple : Gardian , goat , gouſperou , guers , &c.

G ſuivant e ou i convient à la prononciation Françoiſe , & ſonne comme je , ji. Exemple : getoüer , gêner , gingembr.

G ſuivant ue , uo , ui , ſe prononce comme ge , gi. Exemple : guell , guidorc'h , &c.

Gna , gne , gno , ſuit la prononciation Françoiſe , & imite à la fois la prononciation Italienne, comme poignard, indign, compagnunez.

H aſpiration ſe doit prononcer en Breton hach , reverberant le ſon.

Conſiderez que la ſuſdite lettre h reverbere la voyelle ſuivante , ſeulement ès noms propres & dictions , non ayant ſource du Latin , comme Henry , Hermes, habaſq.

I au commencement de la diction eſt faite le plus ſouvent conſonante , comme jort , joüiſſa.

j long ſe prononce comme le François. Exép. Jahan ou yahan.

Cette ſillabe ti en Breton ſe prononce le plus ſouvent comme cy , & imite la prononciation Latine & Françoiſe. Exemple Pollution , jubilation , traduction.

K convient à la prononciation Françoife, & imite à la fois la prononciation Latine, comme Klander, Knec'h, &c.

L finale eft toûjours prononcée. Exemple : Abominable, agreabl, moal, tal, gall.

P étant final, eft prononcé map, cap.

S X finales en la langue Bretonne ont un même fon, penau, amicus.

V par fois fe prononce prefque **o** & imite la prononciation Françoife, Latine, aut, hanu.

Z Ne convient ni avec le Latin ni avec le François ; mais les Bretons ont leur maniere de la prononcer. Exemple : Beuzif grezien, &c.

Les Pronoms & articles du genre masculin Breton.

Ef, hennez, henian, dezaff, &c. Exemples.

Ef à car, hennez fo drouc, eman eo an regeant.

Les pronoms & articles du genre feminin

Hi, hounnez, houman dezif, &c. Exemples. hi fo mignounez dezaf i hounnez eo an mæftres, houman à fo caër, demezet eo dezif.

Hon & ho finguliers & pluriers font communs. Exemple : Hon tat, hon mam, hon querent, hon contr, ho breur, ho c'hoar, ho mignounet, ho bugale. Et fignifie en François, comme nôtre & vôtre, & en plurier nos & vos.

Ny, ma, ou va, da, at, dan, font auffi communs, fervant tant au mafculin qu'au feminin. Exemple : hon bugale ny, ou ny à car, ma

tat, ou va zat, ma breudeur, va mouezrebe n
da Guillou, da Mari, ar gruec, ar miniftr, d'a
autrounez.

Ces noms cy-deffous peuvent être mis tant au
fingulier qu'au plurier excepté ny.
La maniere de former du mafculin le feminin.

Comme all, oun, ant, er fy, &c. Mais ne
penfez pas qu'on forme de tous mafculins, comme des noms propres, mais de titres qu'on donne aux hommes outre leurs noms propres comme le mafculin, Senêchal, feminin, Senêcha-
les, Baron, Barones Velly, Vellyves, Lete-
nant, Letenantes, Procureur, Procureres, &
ainfi d'autres.

Des Diminutifs Bretons.

Je, an, mafculin ou feminin, comme nous
difons indifferemment, map, mapic, ou map
bihan, merc'h, merc'hic ou merc'h bihan, gruec,
diminutif guerc'hic, ou gruec bihan, le diminutif Breton eft formé mettant ic ou bihan aprés le
primitif, comme cy - deffous encore par cet Exemple : Maill, primitif, maillic ou maill bihan, diminutif, &c.

F I N.

Foires de l'Evêché de Cornoüailles

JANVIER.

1. JOur, Foire à Coray. 6. Jour des Rois, Foire à Pouldavy. 8. Foire à Rosporden. 17. S. Antoine, au Faoüet. 20. Ss. Fabien & Sebastien, à Châteauneuf. 22. Saint Vincent, au Faoüet. 31. à Pontecroix.

FEVRIER.

3. JOur, Foire à Coray. 24. Saint Mathias, Foire à Pleyben. 27. Ste. Therese, à Pontecroix. 29. Chaire Saint Pierre, à Gourin.

MARS.

3. JOur, Saint Guenolé, Foire à Concarneau. 12. Saint Gregoire, à Châteaulin & Pont-l'Abé. 19. Saint Joseph à Rosporden & Pontecroix. 26. Foire à Coray & Pontecroix.

AVRIL.

25. JOur, Saint Marc, Foire à Rosporden & Quergoat.

MAY.

2. JOur, Foire à Quimper - Corentin. 3. Invention de la Sainte Croix, à Pontecroix, au Faou & Roftrenen. 4. au Pontlabbé. 6. Saint Jean Porte-Latine, à Châteaulin & Pondaven. 8. S. Nicolas à Rofporden. 19. S. Yves au Pontlabbé & Coray. 28. S. Germain à Pleyben. 31. Sainte Petronille à Locronan.

JUIN.

1. JOur, Saint Ronan, Foire à Locronan. Le lendemain de la Sainte Trinité, Foire à Rofporden & Plozevet. 23. jour de Saint Hervé Foire au Menehom. 24. Saint Jean-Baptifte, à Pondaven & Pontlabbé. 25. à Rofporden. 26. à Coray. 30. Foire au Juct.

JUILLET.

2. JOur, Foire au Quergoat. 5. jour, à la Noyale, à Pontivy, & dure huit jours. Le deuxiéme Dimanche grand Pardon, & Foire à la Martyre, & dure huit jours. 20. Sainte Marguerite, au Pontlabbé. 22. la Magdelaine, à Rofporden & Crozon. 25. Ss. Jacques & Criftophe. à Pouldavy & Quimperlé. 31. Grande Foire à Saint Germain à Pleyben.

AOUST.

1. JOur, Foire à Pontecroix. 10. Fête de S.
Laurens, à Quimperlé, Carhaix & Crozon. 16. à Rosporden & Menehom. 24. S. Barthelemi, à Pontecroix, Pouldavy & Pondaven.
28. S. Augustin, Foire à Carhaix. 29. Décol-
lation de S. Jean-Baptiste, à Pontecroix &
Pondaven

SEPTEMBRE.

8. JOur, Foire au Folgoet, & dure huit jours.
9. Foire à Quimper & au Menehom. 14.
Ste Croix, à Pontecroix & Faoüet. 22. Foire à
Quimper & à Carhaix. 29. Saint Michel, Foire à Concarneau, Locronan & Quimperlé.

OCTOBRE.

9. JOur, S. Denis, Foire à Quimper. 15.
Ste Therese, à Pontecroix. 18 S. Luc,
Foire à Châteaulin, & Rosporden. 20. Foire à
Coray. 28. S. Simon & S. Jude, Foire à Plei-
ben, Pouldavy & Quimperlé.

NOVEMBRE.

1. JOur la Toussaints. Foire à Carhaix, &
dure huit jours. 4. Saint Charles, Foire à

Locronan. 11. Saint Martin, Foire à Concarneau, Lanvau & Châteauneuf. 23. Foire à Châteaulin. 25. Ste Catherine, au Pontlabbé & Coray. 21. Préfentation N. D. Foire à Banalec. 30. S. André, Foire à Pontecroix, Rofporden, Pondaven, Carhaix & Landudal.

DECEMBRE.

1. JOur, S. Nicolas, Foire à Rofporden. 8. Conception N. D. Foire à Banalec. 12. S. Corentin, Pardon à Quimper. 13. Foire à Quimper. 21. S. Thomas, Foire à Concarneau. 29. Foire au Pontlabbé. 31. S. Silveftre, Foire à Pontecroix. A la my-Carême, Foire à Carhaix & dure huit jours. Le fecond Lundy de Carême, Foire à Pontivy. Le Lundy avant la Pentecôte, à Pouldavy. Le Jeudy abfolu, Foire à Quimperlé. Le lendemain du Sacre, Foire à Landudal.